JN412082

거인을 쓰다

❷

거인을 쓰다

신영준
고영성
지음

2

상상스퀘어

| 한 단어를 곱씹으며 |

천 개가 넘는 명언을 읽고, 고르고, 다시 읽었습니다. 그중에서 마음을 붙드는 문장들을 추려냈습니다. 귀에 좋게 들리는 말에 그치지 않고, 삶의 본질을 꿰뚫는 통찰이 담긴 문장들입니다. 쉽게 고개를 끄덕이고 지나치기 쉬운 말들 가운데서도, 마음 깊은 곳에 오래 남아 삶의 방향을 바꿀 문장들을 골라냈습니다. 그 문장 하나하나에 해설을 붙였습니다. 명언이 던진 질문을 붙잡고, 그 안에 숨겨진 의미를 풀어내며, 우리 삶과 어떻게 맞닿는지 글로 엮어냈습니다.

좋은 말도 그냥 읽고 지나가면 머릿속을 스쳐 지나갑니다. 순간의 감동은 남아도 삶의 변화로 이어지기 어렵습니다. 이 책은 '읽는 책'에 머물지 않게 만들었습니다. 손으로 한 글자 한 글자 옮겨 적으며 문장의 무게를 온몸으로 느끼고, 그 의미를 천천히 음미하도록 필사집으로 구성했습니다.

필사는 읽기와 다릅니다. 읽을 때는 눈이 문장 위를 빠르게 지나가지만, 필사할 때는 손이 한 글자씩 따라갑니다. 그 느린 속도 속에서 우리는 작가가 왜 이 단어를 선택했는지, 왜 이 문장을 이렇게 배치했는지, 왜 이 표현이 이 자리에 놓였는지를 발견합니다. 필사는 흘러가는 반복으로 끝나지 않습니다. 필사는 깊은 대화가 됩니다.

마음을 붙잡는 단어가 있으면, 그 단어가 품은 뜻을 생각해 보십시오. 한 문장을 완성할 때마다 잠시 손을 멈추고, 그 문장이 여러분의 삶에 어떤 질문을 던지는지 들어보십시오. 한 페이지를 마칠 때마다 눈을 감고, 지금 쓴 글이 여러분 안에 어떤 변화를 일으키는지 느껴보십시오.

필사는 '옮겨 적기'에 그치지 않습니다. 여러분의 손을 거쳐 간 문장은 책 속의 글자를 떠나 여러분 안의 생각이 됩니다. 그렇게 쓴 단어는 인생의 일부가 되고, 정성으로 옮겨진 통찰은 여러분의 지혜로 자라납니다. 이 책의 문장들을 끝까지 필사하고 나면, 여러분은 문장을 베껴 쓴 사람이 아니라 깨달음을 체화한 사람이 되어 있을 것입니다. 수많은 지혜로운 사람들과 대화를 나누고, 그들의 통찰을 자기 것으로 만들며, 자기 자신을 한 단계 더 깊은 곳으로 이끈 사람이 되어 있을 것입니다.

이 책을 준비하는 동안, 한 단어도 허투루 쓰지 않으려 애썼습니다. 같은 의미를 전하더라도 더 정확한 단어를, 더 자연스러운 문장을, 더 깊은 울림을 주는 표현을 찾기 위해 고치고 또 고쳤습니다. 유독 집요하게 노력한 이유는 온전히 체화된 문장이 삶의 결정적인 순간에 여러분의 입술을 통해 터져 나오고, 흔들리는 발걸음을 붙잡아 주는 근간이 되기를 바랐기 때문입니다.

필사를 하시는 분들께 부탁드리고 싶습니다. 한 문장 한 문장을 곱씹으며, 그 안에 담긴 의미를 온전히 자기 것으로 만들어 가십시오. 마치 여러분이 그 명언의 화자가 된 듯, 이 글의 작가가 된 듯, 그 생각이 여러분 안에서 자라나도록 천천히, 깊이, 집중하며 쓰십시오. 글자가 손끝을 거쳐 종이 위에 안착하는 순간, 그 문장은 오롯이 여러분의 것이 됩니다.

한 단어를 곱씹으며 쓰는 시간이 여러분을 바꿀 것입니다. 서두르지 마십시오. 한 글자 한 글자가 자신 안에 뿌리내릴 때까지 천천히, 정성스럽게, 마음을 다해 쓰십시오. 이것이 이 책을 만든 이유이며, 이 책이 필사를 권하는 이유입니다. 이 여정이 진정한 깨달음의 시간이 되기를, 여러분만의 진실에 닿는 시간이 되기를 간절히 바랍니다.

그것을 할 수 없다고 말하는 사람이 아무리 많아도,

그 전에 시도한 사람이 아무리 많아도 상관없다.

중요한 것은 당신이 무엇을 하든 그것이

당신의 첫 번째 시도라는 것을 깨닫는 것이다.

_윌리 아모스

타협이란

모든 사람이 자신이 가장 큰 조각을 가졌다고

믿도록 케이크를 나누는 기술이다.

_루트비히 에르하르트

청춘은 인생의 한 시기가 아니라 마음의 상태이다. 그것은 장밋빛 볼과 붉은 입술, 유연한 무릎의 문제가 아니라 의지의 문제이며, 상상력의 수준이고, 감정의 활력이다. 그것은 삶의 깊은 샘에서 솟아나는 신선함이다.

새뮤얼 울먼

청춘은 세월이 아닌 내면의 온도로 결정된다. 육체적 활력이 줄어들어도 세상을 향한 호기심과 의지는 우리를 살아있게 한다. 진정한 노년은 주름진 피부가 아닌, 냉소적인 마음에서 시작된다. 삶을 향한 기대가 식는 순간 시간은 급격히 무게를 더한다. 그래서 꿈을 멈추는 순간 스무 살도 노인이 되지만, 설렘을 간직한다면 여든 살도 청춘의 한복판에 서 있는 것이다.

청춘의 본질은 안락함에 안주하기보다 불확실한 미래로 뛰어드는 모험심과 세상을 향해 닫히지 않는 열린 상상력에 있다. 실패의 가능성을 이유로 자신을 움츠리지 않고, 아직 가보지 않은 길 앞에서 마음을 열어두는 태도가 청춘을 지속시킨다. 정해진 나이라는 틀에 갇히지 않고 자신만의 생명력을 유지할 때, 삶의 샘물은 마르지 않는 신선함을 간직한다.

배움 앞에서 고개를 끄덕이고, 변화 앞에서 발걸음을 옮길 수 있는 한 삶은 여전히 확장 중이다. 익숙함에 스스로를 가두지 않고 낯선 질문을 허용하는 태도는 나이를 거슬러 우리를 여전히 움직이게 한다. 우리는 잊지 말아야 한다. 청춘은 지나가는 시기가 아니라, 매일 선택해야 하는 삶의 방식이다.

나는 존중하지 않는 사람의 의견에 대해 굳이 논쟁하는 실수를 절대 하지 않는다.

에드워드 기번

모든 의견이 동등한 무게를 지니는 것은 아니다. 의견의 가치는 그것을 말하는 사람의 진정성, 깊이, 그리고 일관성에서 나온다. 그래서 우리가 존중할 수 없는 사람, 즉 말과 행동이 다르거나 원칙 없이 입장을 바꾸는 사람의 주장과 씨름하는 것은 시간 낭비에만 국한되지 않고 정신적 손실로 이어진다.

논쟁은 진리를 향한 탐구일 때 의미가 있다. 서로의 생각을 나누고 더 나은 이해에 도달하려는 진심이 있을 때, 의견의 충돌은 성장의 기회가 된다. 하지만 상대가 이기기 위해서만 말하고, 자신의 주장을 관철시키기 위해 논리를 왜곡한다면, 그것은 대화가 아니라 소모적인 공방에 지나지 않는다. 본질을 외면한 채 승리에만 매몰된 문답은 서로를 고양하기는커녕, 인간에 대한 냉소만을 남길 뿐이다.

존중할 수 없는 사람과의 논쟁에서는 이길 수도, 배울 수도 없다. 그들은 자신이 틀렸음을 인정하지 않으며, 논리보다 감정에, 진실보다 승리에 집착한다. 그런 상대와 맞서는 것은 바닥 없는 수렁에 빠지는 것과 같다. 애쓸수록 더 깊이 끌려 들어갈 뿐이다.

인생의 모든 것 중에서 가장 멋진 것은 세월이 흐를수록 관계가 깊어지고 아름다워지며 기쁨이 커지는 또 다른 한 사람을 발견하는 것이라고 생각한다.

휴 월폴

인생에서 우리가 누릴 수 있는 가장 큰 행운은 시간이 지날수록 더 가까워지는 사람을 만나는 것이다. 대부분의 관계는 처음의 설렘이 지나면 익숙함 속에 무뎌지거나, 서로의 차이 앞에서 멀어진다. 하지만 어떤 관계는 세월과 함께 무르익어 오래될수록 더 깊은 이해와 신뢰로 채워진다.

시간이 관계를 깊게 만드는 것은 단순히 오래 함께했기 때문이 아니다. 나란히 겪은 계절들, 함께 나눈 침묵들, 같이 견뎌낸 어려움들이 두 사람 사이에 말로 설명할 수 없는 유대를 쌓아올린다. 서로의 상처를 알면서도 곁에 머무르고, 변화하는 모습을 받아들이며, 불완전함 속에서도 서로를 선택하는 과정이 관계를 단단하게 만든다.

그렇게 깊어진 관계는 시간이 흐를수록 안식이 된다. 함께 있을 때 굳이 증명하지 않아도 되고, 설명하지 않아도 이해가 남는다. 기쁨은 과장되지 않고, 슬픔은 혼자가 되지 않는다. 세월이 쌓일수록 더 소중해지는 단 한 사람의 존재, 그것이야말로 인생에서 우리가 받을 수 있는 가장 깊은 축복이다.

지식은 영원히 무지를 지배할 것이며, 스스로 통치자가 되고자 하는 국민은 지식이 주는 힘으로 자신을 무장해야 한다.

제임스 매디슨

지식은 무지로부터 자신을 지켜내는 가장 강력한 방어선이다. 사람을 지배하는 것은 권력이 아니라 이해의 격차이며, 생각할 힘을 가진 개인만이 타인의 의도에 휘둘리지 않는다. 무지는 단순히 모르는 상태에 그치지 않고 타인의 생각을 자신의 신념으로 착각하게 만들기에, 스스로 생각하는 지식의 힘만이 우리를 그 예속으로부터 구출할 수 있다.

스스로를 통치하고자 하는 사회는 먼저 개인의 사고력을 요구받는다. 만약 합리적으로 판단하는 역량을 타인에게 위임한다면, 자유는 사실상 형식으로만 남게 된다. 법과 제도보다 먼저 필요한 것은 사실을 분별하고, 주장과 선동을 구별하며, 감정이 아닌 이성으로 선택할 수 있는 시민의 역량이다. 그리고 그 힘의 근원이 바로 지식이다.

지식으로 무장한다는 것은 모든 것을 안다는 뜻이 아니다. 질문할 수 있고, 의심할 수 있으며, 스스로 생각하려는 태도를 끝까지 포기하지 않는다는 의미다. 그런 개인이 많아질수록 사회는 외부의 강압적 지배가 아닌 내부의 성숙한 합의로 움직인다. 이성적 근간이 없는 자유는 모래 위에 세운 성처럼 오래 유지되지 못하며, 깊은 이해 위에 세워진 자유만이 어떤 폭풍에도 흔들리지 않고 지속된다. 결국 진정한 자유는 무지로부터의 해방이며, 지식만이 우리를 자유롭게 한다.

당장 원하는 것 때문에 가장 원하는 것을 타협하지 않도록 조심하라.

지그 지글러

인생의 많은 실패는 우선순위의 혼란에서 온다. 우리는 종종 눈앞의 작은 만족을 위해 더 큰 목표를 미루고, 순간의 편안함을 위해 장기적인 행복을 포기한다. 당장 원하는 것과 진정으로 원하는 것의 차이를 구분하지 못할 때, 우리는 중요한 것을 잃고도 그것이 무엇이었는지조차 깨닫지 못한다.

당장 원하는 것은 쉽고 즉각적이다. 노력 없이 얻을 수 있고, 기다림 없이 손에 쥘 수 있다. 반면 가장 원하는 것은 시간이 걸리고, 인내가 필요하며, 때로는 지금의 즐거움을 포기해야만 도달할 수 있다.

건강한 몸을 원하면서도 당장의 운동을 미루고, 경제적 자유를 꿈꾸면서도 눈앞의 소비 욕구를 참지 못한다. 깊은 관계를 바라면서도 불편한 대화를 회피하고, 성장하고 싶다면서도 익숙한 안전지대를 벗어나지 못한다. 이런 작은 선택들이 쌓여 우리가 가장 원했던 미래를 멀어지게 만든다.

중요한 것은 매 순간 선택의 무게를 인식하는 것이다. 이 결정이 나를 가장 원하는 곳으로 데려가는가, 아니면 그곳에서 멀어지게 하는가. 순간의 유혹에 흔들리지 않고 본질을 지켜내는 힘, 그것이 우리가 궁극적으로 바라던 삶을 만든다.

발전에는 일직선으로 가는 길이 없다.

버락 오바마

발전은 늘 앞으로만 나아가는 과정처럼 보이지만, 실제로는 굽이치고 되돌아가며 진행된다. 멈춘 듯한 구간도, 후퇴처럼 느껴지는 시기도 변화의 일부로 포함된다. 겉으로 보이는 속도가 느려졌다고 해서 성장이 멈춘 것은 아니다. 직선으로 가야 한다는 생각은 성장을 앞당기기보다 좌절을 앞당기기 쉽다.

중요한 것은 속력을 앞세우기보다 방향을 잡는 일이며, 완벽한 계획을 고수하기보다 계속 조정할 수 있는 유연한 태도를 갖추는 것이다. 시행착오는 길을 찾는 과정에서 남는 흔적이다. 그 흔적은 실패의 기록이라는 틀을 벗어나, 어디로 가야 하는지를 온몸으로 배운 결과라는 진실을 담고 있다. 흔들림 없는 전진은 드물고, 우회 없는 성장은 현실에서 거의 일어나지 않는다.

발전은 깔끔한 직선으로 그려지지 않는다. 선택과 수정이 쌓여 남긴 흔적들의 합으로 드러나고, 돌아보면 비효율처럼 보였던 시간들이 지금의 자리를 만든다. 그때의 망설임과 지연마저 현재를 구성하는 일부였던 것이다. 그러니 더디게 가더라도, 돌아가더라도, 멈춘 것처럼 보여도 계속 나아가라. 그렇게 진정한 발전은 완벽한 경로가 아닌 포기하지 않는 여정에서 완성되는 것이다.

모든 사람을 가끔은 속일 수 있고, 일부 사람을 항상 속일 수는 있지만 모든 사람을 항상 속일 수는 없다.

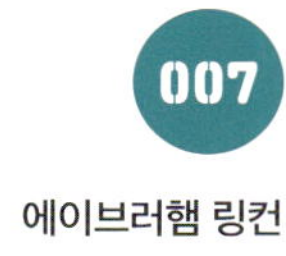

에이브러햄 링컨

진실은 가려질 순 있어도 사라지지 않는다. 교묘한 기만은 시간이라는 체 위에서 반드시 걸러지기 마련이다. 시간이 흐를수록 거짓의 틈새는 벌어지고, 감추려 했던 본질은 선명한 실체를 드러낸다. 거짓으로 세운 성은 화려해 보일지 몰라도, 진실이라는 거대한 흐름 앞에 결국 무너질 수밖에 없는 운명을 지닌다. 그리고 그 붕괴는 한 번 시작되면 절대 되돌릴 수 없다.

세상을 영원히 속일 수 있다는 오만함은 자신을 가장 깊은 수렁으로 밀어 넣는다. 대중은 침묵 속에서도 예리한 눈으로 진실을 관찰하고 진정성을 판별한다. 허황된 말보다 숨길 수 없는 태도와 선택이 엄정한 평가의 기준이 된다. 정직함이 가장 강력한 전략인 이유는 그것만이 유일하게 시간의 검증을 견디고 살아남기 때문이다.

마지막까지 남는 것은 투명한 진심이다. 순간의 이익을 좇기보다는 정직의 길을 걷는 이가 결국 최후의 승자가 된다. 진실은 그 자체로 온전하기에 스스로를 증명할 필요가 없지만, 거짓은 덮으려 할수록 또 다른 변명을 낳을 뿐이다. 거짓은 자신을 지탱하느라 주체를 소진시키지만, 진실은 시간이 흐를수록 삶의 무게를 가볍게 한다. 그래서 세상 앞에 떳떳한 정직함이야말로 그 어떤 권력보다 강력하고 영속적인 영향력의 원천이 된다.

논쟁할 때는 침착하라.
격렬함은 실수를 잘못으로 만들고,
진실을 무례함으로 만든다.

조지 허버트

논쟁에서 가장 쉽게 잃어버리는 것은 논리보다 태도다. 말의 옳고 그름이 가려지기도 전에 감정의 높낮이가 대화를 지배해버리기 때문이다. 격렬함은 판단을 흐리게 하고, 작은 실수조차 고의처럼 보이게 만든다. 그렇게 감정이 앞서면 내용은 사라지고 인상만 남는다.

침착함은 논쟁의 속도를 늦추지만, 정확도를 높인다. 차분한 태도는 상대의 말 속에서 사실과 감정을 분리하게 하고, 자신의 주장도 불필요한 과장을 덜어낸다. 진실은 목소리를 높인다고 더 선명해지지 않는다. 오히려 낮은 톤에서 더 오래 버틴다.

결국 논쟁에서 이기는 것은 더 많이 말한 쪽이 아니라, 더 품위있게 남은 쪽이다. 사람들은 당신의 논리보다 당신의 태도를 더 오래 기억한다. 열정적인 반박은 그 순간 강렬할 수 있지만, 차분한 주장은 시간이 지나도 설득력을 잃지 않는다. 논쟁의 목적이 진실에 가까워지는 것이라면, 우리가 먼저 내려놓아야 하는 것은 목소리의 높이다. 진정한 힘은 소리 안에 있지 않다. 침묵 속에서도 흔들리지 않는 확신 안에 있다.

감사함을 느끼면서도 표현하지 않는 것은 선물을 포장하고도 주지 않는 것과 같다.

윌리엄 아서 워드

우리는 종종 '말하지 않아도 알 것'이라는 안일함이나 쑥스러움 뒤에 숨어 감사의 마음을 미뤄두곤 한다. 하지만 마음속에 머무는 진심은 상대에게 닿기 전까지는 그림자에 불과하다. 내면에서 아무리 뜨거운 고마움을 느낄지라도, 그것이 다정한 음성이나 따뜻한 손글씨로 치환되지 않는다면 그 마음은 결국 나만의 기억 속에 갇혀 점차 빛을 잃어가게 된다.

감사는 느끼는 순간보다 전하는 순간에 비로소 생명을 얻는다. 말로 건네진 한마디는 순간 온도를 높여 마음을 움직이고, 글로 남은 문장은 흩어지는 진심을 붙잡아 서로의 기억에 깊이 새겨진다. 표현된 감사는 상대의 하루를 덜 무겁게 만들고, 스스로의 마음도 한층 가볍게 한다. 그렇게 진심을 밖으로 옮기는 행위는 관계에 작은 균열을 만들어, 그 틈으로 온기가 스며들게 한다.

감사를 미루지 않는 태도는 배려의 기술이 아니라 용기의 문제다. 어색함을 넘고, 망설임을 건너, 지금 전하겠다고 선택하는 순간, 관계는 한 단계 깊어진다. 이처럼 전해진 고마움은 사라지지 않고 메아리가 된다. 상대에게 힘이 되고, 다시 누군가에게 전해지며, 자연스레 우리 모두를 더 따뜻한 사람으로 만든다.

고통은 인류의 위대한 스승이다.
그 숨결 속에서 영혼이 성장한다.

마리 폰 에브너에셴바흐

고통은 우리를 위로하지 않는다. 대신 질문을 던진다. 왜 무너졌는지, 무엇이 부족했는지, 무엇을 버리고 무엇을 붙잡아야 하는지를 묻는다. 고통은 피하고 싶은 감정이지만, 동시에 가장 정직한 스승이 된다. 외면하려 할수록 더 또렷해지는 목소리로 우리 앞에 선다. 달콤한 성공은 우리를 안심시키지만, 고통은 우리를 끝까지 깨어 있게 만든다.

고통의 시간 속에서 영혼은 깊어진다. 이전에는 보지 못하던 타인의 아픔을 알아보고, 쉽게 단정하던 판단에 망설임이 생긴다. 상처는 시야를 넓히고, 상실은 삶의 우선순위를 다시 배열한다. 무너지지 않기 위해 붙잡았던 것들이 무엇이었는지도 그제야 분명해진다. 고통은 우리를 더 이해할 수 있는 존재로 바꾼다.

고통의 진정한 의미는 얼마나 아팠는지를 넘어서, 그 뒤에 어떤 사람으로 일어섰는지에서 드러난다. 같은 고통을 지나도 누군가는 더 좁아지고, 누군가는 더 넓어진다. 고통은 답을 주지 않는다. 다만 스스로를 속일 수 없게 만든다. 그 정직의 순간을 통과한 영혼만이 이전보다 한층 깊어진 자리로 옮겨간다.

마음으로만 제대로 볼 수 있어.

본질적인 것은 눈에 보이지 않아.

_앙투안 드 생텍쥐페리

약간의 자비는 세상을 덜 차갑게

그리고 더 정의롭게 만든다.

_교황 프란치스코

때때로 우리가 통제할 수 있는 유일한 것은 관점이다. 우리는 상황을 통제할 수 없다. 하지만 상황을 어떻게 바라보는지는 선택할 수 있다.

삶은 우리 뜻대로 흘러가지 않는다. 비는 예고 없이 쏟아지고, 계획은 변수로 어긋나며, 타인은 각자의 궤적대로 움직인다. 이 거대한 흐름을 통제하려는 시도는 대개 무력감으로 끝난다. 하지만 그 혼란 속에서도 찬탈할 수 없는 최후의 영토가 있다. 상황을 어떻게 해석할 것인가에 대한 관점의 주권이다.

관점을 바꾸는 것은 현실 도피가 아닌 주체적인 의미의 재구성이다. 실패를 성장의 마침표로 둘 것인가, 도약을 위한 쉼표로 둘 것인가? 상실을 허무로 볼 것인가, 새로운 유입의 통로로 볼 것인가? 상황은 결코 답을 주지 않는다. 답은 상황을 바라보는 눈 속에 있으며, 선택된 의미가 다음 발걸음을 결정한다. 세상을 뒤바꿀 힘이 없을 때 눈을 바꾸는 것. 그것이 인간이 휘두를 수 있는 가장 우아한 반격이다.

진정한 자유는 외적 상황을 복종시키는 데 있지 않고, 내면의 관점을 선택하는 단호함에 있다. 상황에 휘둘리는 자는 환경이 던진 주사위에 삶이 종속되지만, 관점을 선택하는 자는 어떤 난관 앞에서도 운명의 고삐를 틀어쥔 삶의 주인이다.

학교에서는 배운 다음에 시험을 치지만, 인생에서는 시험을 치르면서 배우게 된다.

톰 보뎃

학교에서는 검증된 지식을 먼저 습득한 뒤 그 성과를 증명해 보이지만, 인생이라는 실전은 가혹할 정도로 선후를 뒤바꾸어 놓는다. 우리는 대개 아무런 예습도 하지 못한 채 삶의 거센 파도 속에 던져지고, 그 위기의 한복판에서 생존하는 법을 온몸으로 체득하며 나아간다.

이렇듯 거친 현장이 곧 시험장이 되는 인생에서, 우리 앞에 놓인 시험지 위에는 오답이란 존재하지 않는다. 그곳엔 오직 '아직 배우지 못한 지혜'들만 존재할 뿐이다. 계획대로 되지 않는 순간과 예상치 못한 좌절은 보이지 않던 내면의 힘을 길러내기 위한 가장 치열한 수업이다. 고통스러운 시험의 과정을 통과하며 얻은 상처는 세상을 더 깊게 이해하는 통찰의 눈으로 변모한다.

따라서 인생의 시험을 마주할 때 필요한 것은 완벽한 정답이 아니다. 그 안에서 배움을 찾겠다는 유연한 태도이다. 준비가 덜 되었다는 불안감에 발을 멈추기보다, 부딪히고 깨지는 과정 자체를 성장의 필연적 경로로 받아들여야 한다. 매 순간 닥쳐오는 도전을 삶의 성숙을 위한 지혜의 성찬으로 여길 때, 우리는 마침내 시험의 고통을 넘어선 배움의 경지에 이르게 된다.

분노의 순간에 잠깐의 인내가 천 번의 후회를 막는다.

013

알리 이븐 아비 탈리브

분노는 언제나 즉각적인 해소를 요구한다. 말 한마디, 행동 하나로 지금의 불편함을 끝내라고 부추긴다. 그러나 그 순간의 해방감은 오래가지 않는다. 감정이 지나간 자리에는 늘 수습해야 할 결과가 남는다. 관계의 균열, 신뢰의 손상, 되돌릴 수 없는 말들이 뒤늦게 무게를 드러낸다. 언제나 감정은 금세 식지만, 그 여파는 쉽게 가라앉지 않는다.

분노가 치밀어 오르는 순간일수록, 무엇보다 인내가 필요하다. 인내는 시간을 벌어주는 태도다. 잠깐 멈추는 그 틈에서 우리는 감정과 판단을 분리할 수 있고, 지금의 분노가 진짜 문제인지, 아니면 지나가는 파동인지 가늠할 수 있다. 인내는 분노를 없애지 않는다. 다만 분노가 우리의 결정을 대신하지 못하게 막아준다. 그리고 그 짧은 간격이 이후의 운명을 놀라울 정도로 바꾸기도 한다.

분노의 순간에 지켜낸 짧은 침묵은 수많은 후회를 미리 차단한다. 즉각 반응하지 않는 태도는 가장 값비싼 실수를 피하는 고귀한 지혜다. 인내는 지금의 감정을 이기는 것이 아닌 미래의 자신을 지키는 일이다. 결국 본질적인 강인함은 폭주하는 감정을 표출하는 데 있지 않고, 분노 앞에서도 자신을 잃지 않는 데 있다.

우리 사이의 벽은 벽돌로 만들어진 것이 아니라, 오해로 만들어진 것이다.

존 러벅

사람 사이에 장벽이 들어서는 것은 대개 거대한 사건 때문이 아니다. 말하지 못한 채 삼킨 감정, 확인하지 않은 자의적 추측, 무심코 지나친 오해들이 켜켜이 내려앉아 단절의 벽을 세운다. 우리는 상대의 진심을 묻는 수고로움 대신 스스로 해석한 허상을 진실로 수용하곤 한다. 그 왜곡된 확신이 내면의 뿌리를 내리는 순간, 보이지 않는 벽은 숨죽여 높아진다.

오해의 본질적인 위험은 스스로 정당화한다는 데 있다. 상처받았다는 감정은 대화를 미루는 이유가 되고, 침묵은 거리로 굳어진다. 그러나 이토록 견고해 보이는 장벽은 역설적이게도 순간의 진심으로 무너질 수 있는 연약한 재질이다. 그것은 불완전한 사유가 빚어낸 마음의 잔상에 불과하기 때문이다.

단절을 허무는 일은 상대를 설득하는 데서 시작되지 않는다. 먼저 자신의 해석을 의심하고, 묻지 않았던 질문을 건네며, 듣지 않았던 말을 다시 듣는 태도에서 길이 열린다. 오해는 이해받고자 하는 마음을 헤아리는 순간 눈 녹듯 사라진다. 진심이 닿는 곳에 벽이 서 있을 자리는 없다.

동물의 왕국에서는 먹거나 먹히는 것이 규칙이지만, 인간의 왕국에서는 정의하거나 정의당하는 것이 규칙이다.

토머스 사스

동물의 세계가 생물학적 투쟁의 장이라면, 인간의 세계는 의미를 선점하기 위한 관념의 전쟁터이다. 포식과 피식이라는 생존을 넘어 우리는 끊임없이 타인을 규정하고 동시에 정의당하며 살아간다. 인간의 왕국에서 권력이란 나 자신과 세상을 어떤 틀로 바라볼 것인지 결정하는 해석의 주도권이다.

문제는 누군가에 의해 정의당하는 순간, 인간의 무한한 가능성이 그 좁은 틀 안에 박제된다는 점이다. 타인이 덧씌운 낙인이나 사회적 정체성을 무비판적으로 수용할 때, 우리는 자신의 본연을 잃고 타인의 문장 속에 갇힌 존재로 전락한다. 정의당하는 것에 익숙해지는 것은 곧 자기 삶의 주인으로서 행사해야 할 고유한 주권을 포기하는 행위이다.

우리에게 필요한 것은 타인의 정의를 거부하고 스스로를 끊임없이 재해석할 수 있는 자유다. 동시에 타인을 성급하게 단정 짓는 오만을 경계해야 한다. 상대를 틀 안에 가두지 않고 서로의 가능성을 열어두는 태도가 중요하다. 인간의 성숙은 자신을 자유롭게 정의하면서도 타인의 자유를 침해하지 않는 균형 속에서 완성된다.

용감한 사람에게 행운과 불운은 왼손과 오른손과 같다. 그는 두 가지를 모두 사용한다.

시에나의 성녀 카테리나

용감한 이에게 행운과 불운은 수동적인 숙명이 아니라 삶을 빚는 각기 다른 도구다. 행운은 전진의 동력으로, 불운은 단련의 기회로 삼으며 상황의 좋고 나쁨에 집착하기보다, 주어진 조건을 자신의 서사에 통합하는 데 집중한다. 그들은 운을 기다리기보다, 운을 다루는 법을 배운다. 양손을 자유자재로 쓰듯 운명의 양면을 부릴 때, 삶은 상황에 휘둘리지 않는 주체성을 얻는다.

이러한 태도는 감정의 기복을 줄이고 선택의 밀도를 높인다. 성공에 들뜨기보다 다음을 준비하고, 실패에 매몰되기보다 배울 점을 찾는 과정에서 삶은 우연의 연속이 아닌 해석과 선택의 누적으로 변모한다. 운의 좋고 나쁨을 평가하는 대신, 운이 요구하는 역할에 최선의 행동으로 응답하는 것이다.

삶의 장악력은 사건을 수용하는 내면의 단단함에서 결정된다. 행운 앞에서의 절제와 불운 속에서의 성찰이 만날 때, 우리는 운명의 주인이 된다. 흔들리는 것은 사건이 아니라 해석임을 아는 순간, 삶은 다시 중심을 되찾는다. 이렇듯 삶의 어떤 질문에도 당황하지 않고 자신만의 해답을 써 내려가는 용기야말로, 변덕스러운 우연을 필연적인 성취로 승화시키는 인간만의 고귀한 능력이다.

건강한 신체에 건강한 정신이 깃든다는 것은 이 세상에서 행복한 상태를 간결하면서도 완전하게 묘사한 것이다. 이 두 가지를 가진 사람은 더 바랄 것이 거의 없으며, 그 중 하나라도 없는 사람은 다른 어떤 것도 별로 도움이 되지 않을 것이다.

존 로크

행복은 몸과 마음의 간결한 조화에서 시작된다. 아무리 높은 지혜도 고통받는 육체 안에서는 빛을 발하기 어렵고, 강건한 신체도 정신이 공허하다면 그저 빈 껍데기에 불과하다. 삶의 만족은 두 영역이 적절히 균형을 이룰 때 오롯이 자리를 잡는다.

신체는 정신이 세상을 경험하는 통로이며, 정신은 신체가 나아갈 방향을 정하는 나침반이다. 육체의 활력이 없는 정신은 쉽게 무기력에 빠지고, 정신의 평화가 없는 육체는 스트레스에 잠식당한다. 이 둘은 서로를 지탱하며 작동하고, 어느 한쪽의 결핍은 곧 다른 한쪽의 혼란으로 이어진다. 두 축의 균형이 무너지는 순간, 삶의 질서 또한 함께 붕괴된다.

존 로크의 통찰은 우리 욕망의 우선순위를 재정립하게 한다. 부와 명예는 이 두 조건이 충족된 후에야 의미를 갖는 부차적인 장식일 뿐이다. 뿌리가 빈약한 성취는 스스로 지탱하지 못할뿐더러, 그 무게를 견디지 못해 결국에는 붕괴를 피할 수 없다. 진정한 행복은 인생의 가장 기본이 되는 두 세계를 온전하게 돌보는 데서 시작된다. 그 균형 위에서만 삶은 흔들리지 않고 지속 가능한 평온을 얻는다.

속도를 늦추고 인생을 즐겨라. 빨리 가면 풍경만 놓치는 것이 아니라, 어디로 가는지 왜 가는지에 대한 감각도 놓치게 된다.

에디 캔터

빠름을 숭상하는 시대에 속도를 늦추는 것은 용기 있는 선택이다. 우리가 앞만 보고 달릴 때 놓치는 것은 길가의 풍경만이 아니다. 성과와 비교에 쫓겨 내달릴수록 삶은 점점 '해야 할 일'로만 채워지고, 왜 달리고 있는지, 그리고 지금 도달하려는 곳이 정말 내가 원하던 목적지인지에 대한 '자기 감각' 자체를 상실하게 된다.

빠른 속도는 시야를 좁게 만든다. 맹목적인 질주 속에서는 삶의 세밀한 기쁨과 의미들이 흐릿한 잔상으로 변해버린다. 하지만 걸음을 늦추면 비로소 보이지 않던 것들이 선명해진다. 내가 누구인지, 무엇을 위해 이 길을 걷고 있는지 되묻는 시간 속에서 삶의 주도권은 다시 나에게로 돌아온다. 여유는 게으름이 아니라 나침반을 확인하며 경로를 수정하는 가장 적극적인 항해술이다.

인생은 과정 자체가 목적이 되어야 하는 긴 여행이다. 서둘러 도착한 끝에 남는 것이 허무뿐이라면 그 질주는 무의미하다. 잠시 속도를 줄이고 숨을 고르는 시간이야말로, 삶의 풍경을 완전히 내 것으로 만들고 올바른 방향으로 나아가게 하는 가장 확고한 방법이다.

더 이상 상황을 바꿀 수 없을 때, 우리는 스스로를 변화시켜야 한다.

빅토르 E. 프랑클

인간이 맞닥뜨리는 가장 깊은 절망은 상황 그 자체가 아니라, 그것을 더 이상 통제할 수 없다는 무력감에서 비롯된다. 외부 세계를 바꿀 힘을 상실한 순간, 인간은 자기 자신을 다시 세워야 하는 존재론적 과제 앞에 놓인다. 이때의 변화는 단순한 적응이나 체념이 아니다. 고통의 의미를 새롭게 해석하고, 무너진 자아의 틀을 재구성하며, 인격의 차원을 한 단계 끌어올리는 내면의 도약이다.

변화의 초점을 외부에서 내부로 돌리는 순간, 상황은 비극일지라도 인간은 더 이상 희생자로 남지 않는다. 어떤 상황에서도 내가 어떤 사람이 될지를 스스로 결정하는 것이기 때문이다. 스스로를 변화시킨다는 것은 시련을 성장의 자양분으로 삼겠다는 의지이며, 어떤 물리적 구속도 침범할 수 없는 정신의 자유를 선언하는 행위와 같다.

가장 거대한 변화는 상황을 바라보는 영혼이 단단해지는 것이다. 외부의 폭풍을 멈출 수 없다면 그 속에서도 흔들리지 않는 뿌리를 내려야 한다. 바꿀 수 없는 환경에 저항하기보다 나 자신의 본질을 가다듬는 데 집중할 때, 우리는 어떤 역경 속에서도 자신만의 고귀한 삶의 궤적을 완성해 나갈 수 있다.

평화는 갈등이 없는 것이 아니라, 평화로운 방법으로 갈등을 처리하는 능력이다.

로널드 레이건

우리는 흔히 평화를 마찰 없는 고요함으로 착각하지만, 현실에서 갈등은 생존의 필연적 부산물이다. 서로 다른 욕구와 가치관이 부딪치는 곳에서 갈등을 피할 길은 없다. 진정한 평화는 충돌을 파괴가 아닌 대화로 전환하는 성숙한 역량에 있다.

힘으로 상대를 굴복시키는 방식은 즉각적이고 자명한 해결책처럼 보이지만, 갈등을 해결하는 대신 깊숙이 매몰시킬 뿐이다. 침묵 속에 잠복한 불화는 해결되지 않은 채 관계의 기반을 서서히 갉아먹고, 그렇게 억눌린 불만은 반드시 더 큰 폭발로 돌아온다. 반면 평화로운 방식은 인내와 경청을 요구하기에 고되지만, 그 과정을 통과한 관계는 이전보다 훨씬 견고한 신뢰를 얻는다. 갈등은 성장을 위한 통과의례인 셈이다.

결국 평화는 증명해내야 할 능력이다. 격앙된 감정 앞에서도 경청을 선택하는 용기, 보복 대신 대화를 제안하는 의지가 곧 평화의 실체이기 때문이다. 갈등은 회피해야 할 재앙이 아니라 삶의 필연적인 과정이다. 그것을 대하는 태도가 곧 우리의 품격이자, 우리가 누릴 평화의 깊이를 결정한다는 사실을 반드시 기억해야 한다.

자신을 속이는 칭찬보다

자신에게 도움이 되는 비판을

선호할 지혜를 가진 사람은 거의 없다.

_프랑수아 드 라로슈푸코

한 시간 독서로

누그러지지 않은 걱정은 결코 없다.

_몽테스키외

늦게 배우는 것이 전혀 배우지 않는 것보다 낫다.

푸블릴리우스 시루스

시작하기에 늦은 때란 없다. 마흔에 악기를 들고, 쉰에 외국어를 익히며, 예순에 붓을 잡아도 충분하다. '이제 와서 무슨 소용인가?'라는 생각은 스스로 만든 한계일 뿐이다. 배우지 않은 채 머물기보다 늦게라도 시작하는 편이 언제나 현명하다.

나이는 핑계가 될 수 없다. 과거를 후회하며 멈춰 있거나, 지금 시작해 남은 시간을 바꾸거나. 선택은 언제나 현재의 몫이다. 몇 년 뒤 다시 후회할지, 아니면 그때 시작하길 잘했다고 미소 지을지는 오직 오늘의 결단에 달려 있다.

배움은 결과만을 위해 존재하지 않는다. 무언가를 새로 배우는 행위는 단순히 지식을 채우는 것이 아니라, 굳어가는 삶의 관성을 깨고 자신을 끊임없이 재탄생시키는 고매한 의식이다. 그렇게 새로운 것을 시작하는 순간, 정체된 삶은 다시 활기차게 움직인다. 무엇보다도 늦은 배움이 주는 최고의 보상은 내 삶을 다시 사랑하고 싶어지는 뜨거운 마음 그 자체다.

무엇보다 배움은 결과만을 위해 존재하지 않는다. 새로운 것을 시작하는 순간, 정체된 삶은 다시 활기차게 움직인다. 늦은 배움이 주는 최고의 보상은 내 삶을 다시 사랑하고 싶어지는 뜨거운 마음 그 자체다.

휴식은 게으름이 아니다.
여름날 나무 아래 풀밭에 때때로 누워서
물소리를 듣거나 하늘을 떠다니는 구름을
바라보는 것은 절대 시간 낭비가 아니다.

존 러벅

우리는 쉬는 시간조차 정당화해야 하는 강박의 시대를 살고 있다. 아무것도 하지 않는 순간을 '재충전'이나 '생산성 향상'을 위한 준비 단계로 포장하지 않으면 불안을 느낀다. 그 결과 휴식은 삶의 자연스러운 리듬이 아니라, 반드시 쓸모를 입증해야만 허락되는 예외적 시간이 된다.

그러나 진정한 휴식은 무언가를 얻기 위한 수단이 아니다. 나무 아래 누워 물소리를 듣고 구름을 바라보는 행위는 당장의 성과를 약속하지 않지만, 바로 그 무용(無用)함 덕분에 인간을 본연의 상태로 회복시킨다. 이때의 쉼은 자신도 모르게 마비되었던 감각을 되살리는 일이다. 속도를 늦출 때 우리는 다시 듣고, 보고, 느끼기 시작하며, 삶의 본질 또한 그 지점에서 복구된다.

휴식이 게으름으로 오해받는 것은 인간을 끊임없이 가동되어야 하는 생산 도구로 규정해 온 효율 중심의 사고 때문이다. 하지만 멈추지 못하는 삶은 결국 궤도를 이탈한다. 쉰다는 것은 무너진 삶의 균형을 바로잡는 능동적인 선택이다. 휴식은 삶을 지속하게 만드는 필수적인 전제 조건인 것이다.

한 번의 패배와 최후의 패배를 혼동하지 마라.

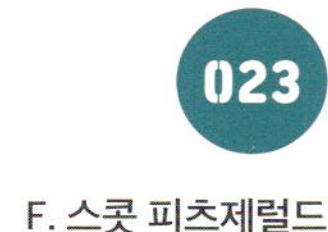

F. 스콧 피츠제럴드

우리는 종종 한 번의 좌절을 삶 전체의 결론처럼 받아들인다. 일이 어그러졌을 때, 관계가 무너졌을 때, 기대한 결과를 얻지 못했을 때 그것을 끝으로 해석해 버린다. 그러나 패배는 사건이지 판결이 아니다. 그럼에도 불구하고 사람들은 스스로에게 너무 이른 종결 선언을 내린다. 사실 그런 판단은 대개 상황보다 마음의 피로에서 비롯된다.

한 번의 패배는 방향을 잃었다는 신호일 수는 있어도, 가능성이 소멸되었다는 증거는 아니다. 문제는 패배 그 자체보다, 그것에 대한 해석에 있다. 최후의 패배는 외부에서 주어지지 않는다. 스스로 더 이상 시도하지 않겠다고 결정하는 순간, 그때 비로소 끝이 난다. 현실적으로 멈추겠다는 결심이 실패보다 훨씬 치명적이다.

우리에게 필요한 것은 냉정한 분별이다. 지금의 실패가 정말 끝인지, 아니면 아직 이어지고 있는 과정의 한 장면인지 묻는 일이다. 삶은 단선적으로 흐르지 않고, 흔들림과 후퇴를 포함한 채 진행된다. 한 번의 패배를 끝으로 착각하지 않는 사람만이 그 이후의 시간을 다시 소유한다. 실패는 삶의 기본 조건일 뿐, 근본적으로 삶의 성패를 가르는 것은 그 시련을 읽어내는 방식이다.

매일은 작은 삶이다.
깨어남과 일어섬은 작은 탄생이고,
새 아침은 작은 청춘이며,
쉼과 잠은 작은 죽음이다.

아르투어 쇼펜하우어

하루는 단순히 연속된 시간이 아니다. 끊임없이 닫히고 열리는 하나의 순환이다. 아침은 가능성을 열고, 낮은 선택을 요구하며, 밤은 그 선택을 정리한다.

그래서 하루를 산다는 것은 주어진 순간에 맞는 태도를 고르는 일에 가깝다. 무리하지 않고 시작하고, 도망치지 않고 통과하며, 미련 없이 내려놓는 것. 더 많은 것을 갈구하는 대신, 지금 이 하루를 온전히 살아내는 것만으로도 충분하다.

잠자리에 들 때 하루가 조용히 끝났다면, 그날은 이미 제 몫을 다한 것이다. 잘 산 하루는 더 많은 내일을 요구하지 않는다. 과도한 기대도, 끝없는 불만도 없이 하루를 마감할 수 있다면, 그것이야말로 완결된 하루다.

이렇게 반복되는 작은 삶들이 어느새 하나의 인생을 이룬다. 우리는 매일을 통해 조금씩 태어나고, 조금씩 살아가며, 조금씩 잘 떠나는 법을 배운다. 삶의 의미는 먼 곳에 있지 않고 매일 반복되는 평범한 순환 속에서 욕망을 다스리고 순간을 받아들이는 연습 안에 있다.

어떤 것이든 세심한 주의를 기울이는 순간, 심지어 풀잎 한 포기라도 그 자체로 신비롭고 경이로우며 형언할 수 없을 만큼 장엄한 세계가 된다.

헨리 밀러

세상의 경이로움은 대상 그 자체가 아니라 그것을 바라보는 우리의 '시선'에 달려 있다. 흔히 특별한 장소나 거대한 사건에서만 장엄함을 찾으려 하지만, 진정으로 생동하는 삶은 발밑의 풀잎 한 포기에서 우주를 읽어내는 세심함에서 시작된다. 주의를 기울인다는 것은 단순히 보는 행위를 넘어, 대상의 본질에 깊이 공감하며 존재의 벽을 허무는 일이다.

무심히 지나치면 배경에 불과했던 것들도 애정 어린 시선이 머무는 순간 저마다의 생명력으로 빛나기 시작한다. 풀잎의 맥동이나 바람의 무늬를 세밀하게 관찰할 때 우리는 일상의 권태에서 벗어날 수 있다. 경이로움은 우리가 기울인 정성이 대상에 투영되어 나타나는 결과물이기 때문이다.

결국 삶의 질은 발견의 깊이가 결정한다. 바쁜 일상 속에서 잠시 멈춰 작은 것에 시선을 고정하는 행위는 그 자체로 고귀한 정신적 작업이다. 우리가 세심한 주의력을 회복할 때 평범한 풍경은 형언할 수 없는 장엄한 세계로 탈바꿈한다. 일상에 숨겨진 신비를 찾아내는 시선이야말로 세상을 가장 아름답게 누리는 유일한 방법이다.

비참하게 실패할 용기를 가진 사람들이 크게 성취할 수 있다.

존 F. 케네디

'비참한 실패'는 단순한 좌절을 넘어 체면과 자존심이 완전히 무너지는 붕괴를 뜻한다. 하지만 역설적으로 이 바닥을 경험한 이는 더 이상 내려갈 곳이 없음을 깨달으며 실패의 공포에서 해방된다. 실패의 깊이를 알아야 성공의 높이도 가늠할 수 있으며, 그 바닥을 밟아본 사람만이 한계 없이 뻗어 나갈 담력을 얻는다.

이러한 밑바닥의 경험은 불필요한 껍데기를 벗기고 본질에 집중하게 만드는 정화의 과정이다. 모든 것을 잃은 지점에서야 비로소 자신의 진짜 동력과 목적지를 명확히 깨닫게 되기 때문이다. 패배를 딛고 일어선 이에게 실패는 다음 도약을 위한 냉철한 가르침이자 성장의 연료가 된다.

위대한 성취는 오점 하나 없는 완벽한 승리의 기록이 아니라, 처참한 붕괴 속에서도 다시 발을 내딛는 의지의 총합이다. 안전한 울타리에 안주하는 자는 절대 도달할 수 없는 경계는 오직 '비참해질 준비'가 된 이들에게만 허락된다. 두려움을 정면으로 통과해 평범함의 관성을 떨쳐낸 사람만이 마침내 자신만의 독보적인 궤도에 오를 수 있다.

아무리 혼란스럽더라도, 들꽃은 여전히 어딘지도 모르는 곳에서 피어날 것이다.

셰릴 크로

세상이 뒤흔들리고 불확실해지면 우리는 모든 것이 멈춘 듯한 절망에 빠지곤 한다. 하지만 거대한 혼란 속에서도 자연은 자신의 소임을 멈추지 않는다. 이름 모를 들꽃은 누가 보아주지 않아도, 자신이 피어날 자리를 정확히 알지 못해도, 제때를 맞이하여 묵묵히 꽃망울을 터뜨린다. 그 생명은 주목을 요구하지 않으며, 다만 자기 차례를 조용히 살아낼 뿐이다.

진정한 강인함은 앞이 보이지 않는 혼돈 속에서 생명력을 피워 올리는 태도에 있다. 세상이 아무리 소란해도 본질적인 가치와 아름다움은 소음과 상관없이 어딘가에서 자라나고 있다. 그것들은 명료하게 드러나지 않을 뿐, 쉽사리 사라지지 않는다. 들꽃의 존재 방식은 우리에게 혼란을 견디는 고요한 통찰을 준다.

들꽃이 환경을 통제하지 않고 피어나듯, 인간 역시 모든 조건을 확신한 뒤에만 삶을 이어가는 존재는 아니다. 앞이 보이지 않아도 자기 몫의 하루를 살아내는 조용한 지속이 혼란을 이기는 가장 깊은 힘이다. 완벽한 상황은 좀처럼 오지 않지만, 삶은 그럼에도 계속 이어진다. 그래서 세상이 흔들릴수록 우리에게 필요한 것은 계속 피어 있으려는 들꽃을 닮은 마음이다.

인생의 낭비는 우리가 베풀지 않은 사랑, 사용하지 않은 능력, 아무것도 감수하지 않으려는 이기적인 신중함, 그리고 고통을 피하려다 결국 행복도 놓쳐버리는 것에 있다.

메리 촘리

사람들은 돈과 시간의 낭비에는 민감하지만, 정작 인생 자체를 방치하는 것에는 둔감하다. 진짜 낭비는 아무것도 하지 않음으로써 그 가치를 스스로 증발시켜 버리는 무위(無爲)에 있다. 표현하지 못한 감정과 시도하지 않은 재능이 미련으로 쌓일 때, 시간은 흐르지만 아무것도 채워지지 않은 공허한 삶이 된다.

신중함을 미덕이라 여기며 모든 위험을 회피하면 삶은 정체된다. 고통을 막으려는 방패가 역설적으로 행복까지 차단하기 때문이다. 사랑과 도전은 본질적으로 상처받을 위험을 내포한다. 이 위험을 감당하기보다 회피할 때, 삶의 생동감은 사라지고 무감각한 안전함만 남는다. 깊은 행복은 언제나 자신의 취약함을 드러내는 용기를 전제로 한다.

인생을 제대로 산다는 것은 가진 것을 아낌없이 소진하는 일이다. 능력은 발휘될 때, 사랑은 베풀어질 때, 용기는 위험 앞에 설 때 비로소 증명된다. 죽음 앞에서 후회하는 것은 실패가 아니라 시도조차 하지 않은 일들이다. 그런 관점에서 비극의 정점은 충분히 가졌으면서도 끝내 쓰지 못한 채 마감하는 인생이 아닐까?

가난이 배움을 가로막는 장애물이 되어서는 안 되며, 배움은 가난에서 벗어날 수 있는 탈출구가 되어야 한다.

린든 B. 존슨

가난의 가장 무서운 점은 '어쩔 수 없다'는 무력감을 내면화시키는 데 있다. 하지만 배움만큼은 그 무력감에 굴복하게 두어서는 안 된다. 배움은 지식을 채우는 수단을 넘어, 척박한 현실을 객관화하고 그 너머를 꿈꾸게 하는 정신적 독립 선언이기 때문이다. 가난을 배움의 장애물로 방치하지 않고, 오히려 결핍을 성장의 동력으로 치환할 때 인생의 전열을 가다듬을 수 있다.

개인에게 배움이 탈출구가 된다는 것은 삶의 주도권을 탈환한다는 뜻이다. 배움은 보이지 않던 선택지를 발견하게 하고, 외부가 규정한 '가난한 나'를 깨부수어 '가능성의 나'로 재구성한다. 가진 게 없는 이에게 지식은 누구도 뺏을 수 없는 유일한 자산이며, 무너진 자존감을 세워 현실의 중력을 이겨내게 하는 강력한 지렛대가 된다.

배움은 세상을 바라보는 문법을 바꾸고, 주어진 불운을 '어쩔 수 없는 숙명'이 아닌 '해결해야 할 문제'로 바라보게 한다. 환경은 여전히 가혹할지라도, 끈질기게 매달리며 공부하는 사람은 더 이상 가난에 길들여지지 않는다. 결국 스스로 배우고 자신을 다시 일으켜 세우는 그 정직한 수고가, 가난이라는 감옥을 허물고 더 넓은 세상으로 나가는 가장 확실한 열쇠가 될 것이다.

예술은 불안한 사람을 위로해야 하고, 편안한 사람을 불편하게 해야 한다.

뱅크시

예술은 세상의 온도를 조절하는 장치와 같다. 삶의 무게에 짓눌려 흔들리는 이들에게 예술은 "당신은 혼자가 아니다"라는 위로를 던지며 무너진 마음을 보듬는 안식처가 된다. 극심한 불안 속에서도 우리가 아름다운 음악이나 그림 한 점에 눈물 흘리며 다시 살아갈 힘을 얻는 것은 예술이 인간의 상처를 가장 깊숙이 어루만지는 언어이기 때문이다.

반면, 가진 것이 많아 현실의 부조리에 눈감고 안주하는 이들에게 예술은 날카로운 가시가 되어야 한다. 당연하게 누리는 평화가 누군가의 고통 위에 세워진 것은 아닌지, 우리가 외면한 진실은 무엇인지 끊임없이 질문을 던져 그들의 안락함을 뒤흔들어야 한다. 예술이 권력과 부조리를 풍자하고 불편한 진실을 들춰낼 때, 잠들었던 사회적 양심은 깨어난다.

예술의 진정한 가치는 단순히 미적인 즐거움을 주는 데 있지 않다. 그것은 낮은 곳에 있는 이들에게는 손을 내밀고, 높은 곳에 머무는 이들에게는 눈을 뜨게 만드는 삶의 파동이다. 위로와 불편함이라는 상반된 감정을 동시에 불러일으킴으로써, 예술은 우리가 사는 세상을 조금 더 정의롭고 따뜻한 곳으로 한 걸음 밀어 올린다.

젊은 비관론자보다 더 슬픈 모습은 없다.

_마크 트웨인

진정한 가족을 연결하는 유대는 혈연이 아니라

서로의 삶에 대한 존중과 기쁨이다.

_리처드 바크

우리는 다른 사람을 행동으로 판단하고, 자기 자신은 의도로 판단한다.

스티븐 코비

타인의 잘못에 대해서는 그 사람이 처한 상황보다 눈에 보이는 '행동' 자체를 문제 삼으며 비난하기 쉽다. 반면, 자신의 실수에 대해서는 "그럴 의도는 아니었다"라며 마음속의 '선한 의도'를 방패 삼아 관대한 면죄부를 주곤 한다. 이러한 시선의 비대칭은 나를 '상황의 희생자'로 만들고, 타인을 '악의를 가진 가해자'로 규정하게 만든다.

타인과 나의 거리를 좁히는 핵심은 이 시선의 방향을 뒤집는 데 있다. 자신의 진심과는 어긋난 서툰 행동이 상대에게 준 상처를 직시할 때 진정한 반성이 시작되고, 타인의 행동 뒤에 숨겨진 복잡한 사정을 헤아릴 때 깊은 이해가 가능해진다. 그렇게 근원적 반성과 이해가 열리는 순간, 우리는 옳고 그름을 심판하던 자리에서 물러나 같은 불완전함을 지닌 인간의 자리로 돌아오게 된다.

진정한 소통은 '시선의 역지사지'에서 완성된다. 자신에게는 더 엄격한 행동의 잣대를, 타인에게는 더 따뜻한 의도의 잣대를 적용할 때 오해의 장벽은 허물어진다. 내 진심이 면죄부가 될 수 없음을 인정하며 행동을 살피고, 타인의 거친 겉모습에 매몰되지 않고 마음을 읽어낼 때, 우리는 마침내 서로의 실체에 닿는 성숙한 인격의 단계로 나아갈 수 있다.

성공하는 사람은 누구나 사람들을 돕고 있다. 성공의 비결은 필요를 찾아서 채우고, 상처를 찾아서 치유하며, 문제를 찾아서 해결하는 것이다.

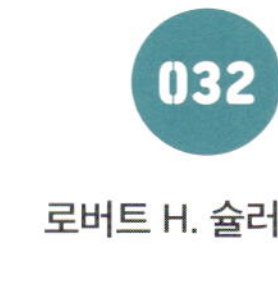

로버트 H. 슐러

성공을 개인의 성취로만 이해하면 본질을 놓친다. 그것은 누군가의 삶에 다리를 놓는 과정에서 자연스럽게 형성되기 때문이다. 세상이 필요로 하는 문제에 답하지 않은 성취는 오래 남지 못한다. 반대로 타인의 불편을 덜어낸 흔적은 시간이 지나도 가치를 잃지 않는다. 결국 성공은 누군가의 삶에 실제로 도움이 되었을 때 뒤따라오는 응답에 가깝다.

많은 이들이 돈과 명예라는 자기 욕망에만 매몰되어 정작 중요한 "나는 누구를 도울 것인가?"라는 본질적 질문을 잊는다. 자기중심성에 갇히면 기회는 보이지 않는다. 시선이 자신에 고정되는 순간, 세상의 필요는 배경으로 밀려난다. 반면에 타인의 고통과 세상의 요구를 예민하게 포착하는 이들에게는 성공의 길이 선명하게 열린다. 그래서 기회는 멀리 있지 않다. 대개 우리가 외면한 자리에서 조용히 기다리고 있을 뿐이다.

성공의 크기는 곧 해결한 문제의 크기에 비례한다. 이는 도덕적 훈계가 아니라 냉철한 경제적 원리다. 문제를 해결하는 가치를 창출하지 않고는 대가를 기대할 수 없으며, 누군가에게 기여하지 않는 성공은 결코 지속될 수 없다. 그렇게 진짜 성공은 움켜쥐는 손이 아닌, 무언가를 남기고 간 발자국에서 완성된다.

볼테르

감사란 놀라운 것이다.
그것은 다른 이들의 뛰어남을
우리의 것으로 만들어 준다.

볼테르의 통찰은 감사의 작동 방식을 놀라울 만큼 정확하게 짚어낸다. 우리는 보통 감사를 예의나 겸손의 표현으로 생각하지만, 볼테르가 말하는 감사는 훨씬 능동적인 힘이다. 감사는 단순히 고마움을 느끼는 감정이 아니라, 타인의 장점을 삶 안으로 끌어들이는 태도다. 그렇게 볼 때 감사는 소유의 개념을 바꾼다. 내가 직접 이루지 않은 뛰어남조차도, 감사하는 순간 내 삶의 일부가 된다.

감사가 다른 이들의 뛰어남을 우리의 것으로 만든다는 말은, 비교의 논리를 전복한다. 우리는 흔히 타인의 탁월함 앞에서 위축되거나 질투를 느낀다. 그러나 감사는 그 반대의 선택이다. 상대의 능력을 선물로 받아들일 때, 우리는 시기하는 경쟁자를 넘어서 배움의 관찰자가 되며, 그 순간부터 타인의 성취는 나를 확장시키는 자원이 된다.

감사하는 사람은 세상을 결핍의 공간으로 보지 않는다. 이미 도처에 존재하는 타인의 탁월함을 기민하게 포착하여 자신의 성장을 위한 자양분으로 흡수하기 때문이다. 감사란 단순하게 고마움의 언어가 아닌, 삶을 더 크게 만드는 지적 능력에 가깝다.

말로 하든 글로 쓰든 모든 슬픈 표현 중에서 가장 슬픈 것은 '그럴 수도 있었을 텐데'이다.

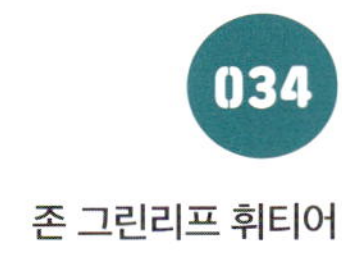

존 그린리프 휘티어

우리는 실패가 가장 고통스럽다고 생각하지만, 시간이 흐른 뒤 마음을 가장 깊게 할퀴는 것은 시도조차 하지 않은 일에 대한 미련이다. '그럴 수도 있었을 텐데'라는 말 속에는 이미 가버린 기회와 되돌릴 수 없는 과거에 대한 무력한 가정이 담겨 있다. 실패는 교훈이라도 남기지만, 하지 않은 일은 오직 '만약에'라는 고통스러운 환상만을 남길 뿐이다.

후회는 대개 안전만을 선택한 대가로 지불하게 되는 감정이다. 상처나 비난이 두려워 내딛지 못한 발걸음은 훗날 '그때 그랬더라면'이라는 독백이 되어 돌아온다. 우리가 진정 두려워해야 할 것은 아무것도 하지 않은 채 시간을 흘려보내 내 삶을 온통 가정법의 슬픔으로 채우는 일이다.

이 슬픈 문장에서 벗어나는 유일한 길은 삶을 '했더라면'이라는 미련의 문법이 아닌, '한다'라는 실행의 문법으로 써 내려가는 것이다. 결과가 어떠하든 마음이 지시하는 방향으로 몸을 던지는 순간, '그럴 수도 있었을 텐데'라는 유령 같은 문장은 힘을 잃고 사라진다. 삶은 시도한 것들의 총합이며, 시도하지 않은 가능성은 끝내 인생 그 어디에도 자리할 수 없다.

이 세상에서 인간이 가질 수 있는 가장 위대하고 고귀한 즐거움은 새로운 진리를 발견하는 것이다. 그 다음은 오래된 편견을 떨쳐내는 것이다.

프리드리히 대왕

인간이 누릴 수 있는 가장 고귀한 즐거움은 단연 새로운 진리를 발견하는 순간에 있다. 미지의 영역을 지도의 안쪽으로 끌어들이고 세상의 작동 원리를 깨우칠 때, 우리는 지적 확장의 환희를 경험한다. 새로운 깨달음은 어제까지 보이지 않던 길을 열어주는 빛이며, 우리를 더 높은 차원으로 진화시키는 가장 강력한 동력이다.

그 위대한 발견의 기쁨을 완성하는 다음 단계는 오래된 편견을 떨쳐내는 일이다. 새로운 진리가 우리에게 날개를 달아준다면, 낡은 편견을 벗어던지는 것은 우리를 묶고 있던 사슬을 끊어내는 해방감을 선사한다. 아무리 눈부신 진리를 발견하더라도 익숙한 고정관념이라는 감옥에 갇혀 있다면 그 깨우침은 온전히 내 것이 될 수 없기 때문이다.

진정한 지성은 채움과 비움의 조화에서 탄생한다. 새로운 진리로 견고히 내면을 채운 다음, 그 진리가 내 안에 깊이 뿌리내릴 수 있도록 낡은 생각의 잔재를 걷어내야 한다. 진리를 향한 뜨거운 발견과 스스로를 객관화하는 냉철한 탈피가 만날 때, 인간은 편협함에서 벗어나 세상의 본질을 온전하게 마주하게 된다.

자극과 반응 사이에는 공간이 있다. 그 공간 안에 우리의 반응을 선택할 힘이 있다. 우리의 반응 안에 우리의 성장과 자유가 담겨 있다.

빅토르 E. 프랑클

외부의 자극과 나의 반응 사이에는 미세하지만 거대한 공간이 존재한다. 대부분의 사람은 이 틈을 인지하지 못한 채 자극이 오면 반사적으로 화를 내거나 굴복하지만, 깨어 있는 사람은 이 공간 안에서 자신의 응답을 스스로 선택한다. 이 짧은 순간이 바로 외부의 강요가 미치지 못하는 내면의 성소이며, 삶의 주도권을 지켜내는 최후의 보루다.

이 공간을 점유하는 능력은 곧 자유의 크기와 직결된다. 자극이 피할 수 없는 운명이라면, 그 자극에 어떤 의미를 부여하고 어떻게 대응할지 고르는 것은 오직 개인의 역량이다. 아무리 가혹한 환경이라도 반응을 선택할 권리만큼은 누구도 빼앗을 수 없기에, 이 공간을 지배하는 법을 익힌 사람은 더 이상 외부 상황에 끌려다니는 삶을 살지 않는다.

성장이란 자극과 반응 사이의 공간을 넓히는 과정이다. 처음엔 순간에 불과해 놓치기 쉽지만, 치밀어 오르는 감정을 한 호흡 고르고 충동을 멈추는 연습을 반복하면 이 틈은 점차 확장된다. 진정한 자유는 이 내밀한 보루를 자각하고 사수하는 힘에서 비롯된다.

공짜 점심 같은 것은 없다.

밀턴 프리드먼

세상에 공짜 점심은 없다. 모든 혜택 뒤에는 반드시 누군가의 희생이나 나의 기회비용이 숨어 있기 때문이다. 당장 손에 쥔 이득이 공짜처럼 보일지라도, 그것은 미래의 시간이나 잠재적 가능성, 혹은 보이지 않는 위험을 담보로 빌려온 것에 불과하다. 선택에는 언제나 보이지 않는 계산이 따라붙는다. 이 자명한 사실을 외면할 때 우리는 달콤한 유혹에 빠져 더 큰 대가를 치르게 된다.

지혜로운 자는 눈앞의 횡재에 현혹되지 않고, 그 뒤에 숨겨진 보이지 않는 청구서를 먼저 살핀다. 성공을 원한다면 치열한 노력을, 자유를 원한다면 책임이라는 의무를 감당해야 한다. 삶은 대가 없는 보상을 결코 허락하지 않는다. 값을 치르지 않고 얻으려는 요행은 삶을 부채의 늪으로 몰아넣을 뿐이다.

이 진리를 체득한 사람은 삶의 모든 거래를 냉철하게 직시한다. 쉽게 얻은 것은 쉽게 사라지고, 정당한 값을 치른 것만이 온전한 내 것이 된다. 대가를 감수하지 않은 선택은 어느 시점부터 반드시 이자를 청구하기 마련이다. 공짜 점심은 없다. 하지만 제값을 치를 각오가 된 사람에게는 그 어떤 것도 비싸지 않다.

진정한 친구보다 더 좋은 것은 천국 말고는 없다.

플라우투스

진정한 친구가 귀한 이유는 그 존재 자체가 삶의 고단함을 잊게 하는 안식처이기 때문이다. 천국이 평온의 상징이라면, 마음이 통하는 친구와의 시간은 이 거친 세상에서 그 평온을 미리 맛보는 기적과 같다. 기쁨은 질투 없이 배가 되고 슬픔은 판단 없이 나누어지는 관계는 고단한 생의 질문에 삶이 건네는 가장 다정한 응답이다.

플라우투스가 우정을 천국과 견준 이유는 우정이 물질적 성취로는 절대 채울 수 없는 영혼의 결핍을 채워주기 때문이다. 진정한 친구는 나의 과거를 이해하고, 미래를 믿어주며, 현재의 나를 있는 그대로 긍정해 준다. 말없이 곁에 있어 주는 그 신뢰는 흔들리는 순간마다 다시 삶을 붙잡게 하는 힘이 된다. 그런 존재를 곁에 두는 것은 이미 삶의 가장 값진 축복을 품고 사는 것이다.

인생의 충만함은 도달한 정점의 높이보다, 그 곁을 채운 우정이라는 작은 천국으로 아름답게 완성된다. 우리는 성공을 추구하며 살아가지만, 인생에서 진정으로 위안이 되는 것은 쌓아 올린 업적이 아니라 함께했던 사람들이다. 그래서 진정한 친구와 함께하는 사람은 이미 천국에 있으며, 그것만으로도 삶의 이유는 이미 충분하다.

우리의 삶은 위험을 감수할 때만 발전할 수 있다. 그리고 우리가 취할 수 있는 가장 어려운 첫 번째 위험은 자신에게 솔직해지는 것이다.

월터 앤더슨

우리는 흔히 위험 감수라고 하면 외적인 결단이나 도전을 떠올린다. 하지만 그보다 어렵고 근원적인 위험은 바로 나 자신의 초라함, 욕망, 상처를 가감 없이 직시하는 일이다. 자신에게 솔직해지는 것은 겹겹이 쌓아온 자기합리화의 성벽을 허무는 과정이기에, 세상 그 어떤 모험보다 두렵고 고통스럽다.

그러나 진정한 도약은 이 '정직한 붕괴' 위에서만 시작된다. 나를 속이는 데 낭비하던 에너지를 멈추고 내면의 민낯을 마주할 때, 나아가야 할 방향이 선명해지기 때문이다. 자신을 기만하면 제자리를 맴돌 뿐이지만, 자신에게 정직해지면 결핍을 동력 삼아 어제보다 나은 존재로 거듭난다.

근본적인 성장은 외적 영토를 넓히는 확장이 아닌, 내면의 진실을 수용하는 깊이의 문제다. '자기 정직'이라는 위험을 기꺼이 감수할 때, 삶은 가식의 정체를 끝내고 본질적인 진화를 시작한다. 자신을 직시하는 그 서늘한 용기가 우리를 가장 자유롭고 단단한 길로 인도하는 이정표가 될 것이다.

세상은 그 안에 존재하는 의로운 사람들에게 얼마나 많은 빚을 지고 있는지 전혀 모르고 있다.

F. F. 브루스

우리는 흔히 거대한 자본이나 강력한 권력이 세상을 움직인다고 믿는다. 하지만 세상이 무너지지 않고 지탱되는 실질적인 이유는 자기 이익보다 가치를 우선하는 '이름 없는 의인'들의 헌신 덕분이다. 정직을 위해 손해를 감수하고, 아무도 보지 않는 곳에서 타인의 고통을 외면하지 않는 이들의 작은 실천이 모여 우리 사회의 핵심적인 근간을 형성한다.

세상은 이들에게 큰 빚을 지고 있지만, 정작 그 가치를 알아채지 못할 때가 많다. 의로운 행위는 대개 요란하지 않으며, 그들이 지켜낸 평화는 너무나 당연한 공기처럼 느껴지기 때문이다. 만약 이들이 의로움을 포기하고 각자도생의 길을 택한다면, 세상은 순식간에 불신과 혼돈의 늪으로 침몰하고 말 것이다.

한 시대를 지탱하는 진정한 힘은 보이지 않는 곳에서 흐르는 도덕적 긴장감에서 나온다. 그 긴장감은 법이나 제도로 강제되지 않으며, 각자의 양심이 스스로 부과한 조용한 책임에서 비롯된다. 그래서 이 보이지 않는 무구한 헌신을 기억하고 그 가치를 자각하는 것이야말로, 우리가 더 나은 공동체로 나아가는 첫걸음이다.

생각은 전염병이다.

어떤 생각들의 경우에 그것은 유행병이 된다.

_월리스 스티븐스

고통과 쾌락은

빛과 어둠처럼 서로를 뒤따른다.

_로런스 스턴

화를 낸다는 것은 다른 사람의 잘못을 자신에게 복수하는 것이다.

알렉산더 포프

우리는 누군가 잘못을 저지르면 분노를 투사함으로써 그 사람을 단죄하려 한다. 그러나 이는 치명적인 착각이다. 우리는 분노가 상대를 응징할 거라 믿지만, 정작 고통받는 쪽은 자신이다. 상대는 이미 일상으로 돌아갔음에도 나 홀로 밤새 분노를 곱씹으며 잠을 설치고 평화를 무너뜨린다. 결국 분노는 타인의 잘못에 대한 대가를 내 몸과 마음으로 치르는 비합리적인 대납이다.

화를 내는 순간 이성은 증발하고 통제력은 마비된다. 분노는 상황을 개선하기보다 관계를 파괴하며, 정당한 요구조차 감정의 소음 속에 묻어버린다. 잠깐의 통쾌함 뒤에는 고갈된 에너지와 추락한 품위, 낭비된 시간만이 남을 뿐이다. 화를 내고 난 뒤 상황은 제자리인데 나만 지쳐 있는 것. 이것이 분노가 가진 파괴적인 역설이다.

지혜로운 사람은 자신의 감정을 타인에게 인질로 잡히지 않는다. 상대의 잘못을 직시하되, 폭발하는 대신 냉정한 거리를 두며 복수 대신 단호한 경계를 선택한다. 이는 굴복이 아니라 가장 영리한 자기보호다. 방관이 무력함에서 비롯된다면, 경계는 평화를 지키려는 올곧은 의지에서 비롯된다. 타인의 비루함이 내 평화를 앗아갈 권리는 없다. 화를 놓아주는 것은 나를 분노라는 감옥에서 해방시키는 결단이다.

책임감을 느끼고 싶은 날을 골라서 선택할 수는 없다. 책임감은 피곤하다고 해서 사라지는 것이 아니다.

팻 서밋

책임감은 의욕이 있을 때만 작동하는 감정이 아니다. 컨디션과 상관없이, 이미 맡은 역할 위에 조용히 놓여 있다. 그래서 책임은 종종 의욕보다 먼저 무게로 다가온다. 하지만 책임이 진짜 힘을 발휘하는 순간은 이미 지쳤다고 느끼는 날이다. 몸은 쉬고 싶어도 해야 할 일 앞에 다시 서는 순간, 그 선택이 한 사람의 신뢰를 만든다.

책임감은 끝까지 버텨내는 체력보다 끝까지 돌아오는 마음에 가깝다. 아무리 힘들어도 맡은 일 앞으로 돌아오고, 아무리 지쳐도 자신이 져야 할 몫을 놓지 않으며, 아무도 보지 않는 자리에서도 약속을 지키는 태도가 책임감의 본질이다. 책임은 평범한 반복 속에서 드러나며, 그 반복이 쌓일 때 흔들리지 않는 믿음의 뿌리가 만들어진다.

책임은 시간이 지나며 우리를 지탱하는 기둥이 된다. 처음에는 무겁게만 느껴지던 책임이 반복 속에서 내면의 힘으로 바뀌고, 그 힘은 삶의 근간이 되는 결정적 내공이 된다. 책임을 끝까지 감당해온 사람만이 스스로 신뢰할 수 있으며, 그 자기 신뢰 위에서 어떤 상황에서도 쉽게 무너지지 않는 존재가 완성된다.

상당한 시간 동안 집중할 수 있는 능력은 어려운 성취를 위해 필수적이다.

버트런드 러셀

집중력은 정신적 근육이다. 훈련하지 않으면 약해지고, 지속적으로 사용해야 유지된다. 안타깝게도 오늘날 집중력은 희귀한 능력이 되어가고 있다. 끊임없는 알림, 무한한 콘텐츠, 즉각적인 자극이 우리의 주의를 조각낸다. 5분 이상 한 가지에 몰두하기 어렵고, 결과적으로 복잡한 문제를 붙잡고 씨름하는 능력을 잃어간다. 어려운 성취가 멀어지는 이유는 집중할 수 없기 때문이다.

진정한 성취는 깊이에서 나온다. 복잡한 문제는 오래 붙잡고 있어야 풀리며, 천재적인 발견도 오랜 집중의 산물이다. 하지만 집중력이 약한 사람은 문제의 표면만 훑다가 금방 넘어간다. 깊이 파고들기 전에 포기하고, 어려워지면 회피하며, 결국 아무것도 제대로 완성하지 못한다.

집중력을 회복하는 것이 현시대의 경쟁력이다. 모두가 산만해지는 환경에서 깊이 집중할 수 있는 사람은 압도적인 우위를 점한다. 한 시간 동안 방해 없이 몰두하면, 대부분의 사람들이 하루 종일 해도 못하는 일을 해낼 수 있다. 집중은 시간의 질을 바꾼다. 성취를 간절히 원한다면 산만함을 차단하고 깊이 파고드는 습관을 회복해야 한다. 그렇게 집중할 수 있는 사람만이 탁월한 성취에 도달한다.

제인 오스틴

쓸데없는 불안에 굴복하지 마라.
최악의 상황에 대비하는 것은 옳지만,
그것을 확실한 일로 여길 이유는 없다.

대비와 집착은 엄연히 다르다. 최악의 가능성을 상정해 준비하는 것은 책임감의 영역이지만, 그것을 필연적인 결말로 받아들이는 순간 불안은 이성을 잠식한다. 준비는 행동을 또렷하게 만들지만, 확신에 찬 비관은 도리어 행동을 마비시킬 뿐이다. 대비하는 사람은 여러 시나리오를 준비하지만, 집착하는 사람은 최악의 시나리오만 반복해서 그린다.

불안의 치명적인 함정은 아직 오지 않은 가능성을 이미 일어난 사실처럼 대하는 데 있다. 실재하지 않는 미래를 현실로 착각하면 현재의 선택은 왜곡되고, 소중한 에너지는 미래의 그림자에 남김없이 소모된다. 진정한 대비는 모든 가능성을 열어두는 사고여야지, 불행을 기정사실로 닫아버리는 결론이 되어서는 안 된다. 삶의 주도권은 일어나지 않은 일을 미리 아파하는 예언자보다, 불확실성을 유연하게 마주하며 오늘을 직시하는 관찰자에게 머문다.

이 문장은 불안을 없애라는 주문이 아니라, 불안의 자리를 정해주는 조언이다. 준비는 철저히 하되, 가능성을 확정으로 바꾸지 않는 냉철한 선을 지켜야 한다. 그 선은 두려움과 숙고를 가르는 최소한의 경계이기도 하다. 그 경계를 유지할 때 우리는 침착함을 회복하고 현재에 필요한 최선의 행동을 선택할 수 있다. 지혜란 최악을 준비하면서도 끝내 그것에 굴복하지 않는 균형 잡힌 태도에 있다.

그 사람의 관점에서 상황을 고려해보기 전까지는 그 사람을 진정으로 이해할 수 없다.

하퍼 리

진정한 이해는 자신의 편견을 유보하고 타인의 삶이라는 낯선 궤도에 접속하는 겸허한 시도에서 시작된다. 상대가 처한 배경과 그를 형성한 역사를 도외시한 채 내리는 판단은, 타인의 본질을 오독하는 오만이자 차가운 선입견의 투영일 뿐이기 때문이다.

타인의 관점에서 상황을 바라보는 것은 자기중심적인 사고의 틀을 깨고 인식의 지평을 넓히는 행위이다. 그가 견뎌온 무게와 그를 짓누르는 두려움을 직접 마주하기 전까지, 우리는 절대 그가 내린 선택의 정당성을 논할 자격이 없다. 이해란 내 시각을 정답이라 확신하는 오만을 버리고, 타인의 맥락 속에서 도출된 그만의 진실을 인정하려는 능동적인 의지다.

타인을 포용하는 힘은 공감의 상상력에서 나온다. 상대의 신발을 신고 그가 걸어온 거친 길을 상상해 보는 과정을 거칠 때, 인간은 혐오라는 쉬운 선택을 버리고 존중이라는 성숙한 가치를 택하게 된다. 타인의 시선으로 세상을 바라보는 법을 익힐 때, 우리는 비좁은 세계관을 벗어나 삶의 무게를 온몸으로 버텨낸 한 사람의 고유한 문장을 마주하게 된다.

영웅은 압도적인 장애물에도 불구하고 끝까지 견디고 버틸 힘을 찾아내는 평범한 개인이다.

크리스토퍼 리브

영웅은 처음부터 완성되어 나타나는 존재가 아니다. 압도적인 장애물 앞에서 도망치지 않기로 한 선택의 누적이 그들을 영웅으로 만들 뿐이다. 포기할 이유는 도처에 널려 있지만, 그럼에도 불구하고 자신의 자리를 지키기로 결심한 순간 평범한 개인은 이미 영웅의 궤도에 진입한다. 영웅성의 본질은 끝내 포기를 유예하는 지독한 인내에 가깝다.

견딘다는 것은 엄습하는 고통을 선명하게 인지하면서도, 그 파도에 휩쓸리지 않을 내면의 닻을 기어이 내리는 일이다. 보장된 결과가 없는 불투명한 상황에서 자신을 매일 시험대에 올리는 그 무거운 선택만이, 인간을 이전보다 단단한 존재로 벼려낸다.

영웅은 극적인 순간에 완성되지 않는다. 아무도 주목하지 않는 시간, 성과가 드러나지 않는 구간에서 자신을 지탱해 온 힘이 조용히 쌓여 만들어진다. 그 힘은 환호 속에서 얻어진 것이 아니라, 반복되는 침묵과 고독을 통과하며 길러진 내적인 근력이다. 결국 영웅이란 특별한 운명을 타고난 존재를 넘어, 자신의 몫으로 주어진 삶의 무게를 끝까지 감당해 낸 평범한 개인이다.

성공의 주요 열쇠 중 하나는 우회와 중단을 최대한 활용하고 역경을 기회로 전환하면서 여정을 계속 전진하는 것입니다.

존 C. 맥스웰

성공을 목표만 보고 달리는 최단 거리의 질주로 정의하는 태도는 위험하다. 오히려 예기치 못한 암초를 항로의 일부로 수용하며 나아가는 유연한 전진이 진정한 성공에 가깝다. 우회는 경로에서 벗어나는 실수로 보이기 쉽지만, 더 안전한 도착을 위한 지극히 현실적인 전략이다. 중단도 전진을 접는 선택으로 끝나지 않고, 다음 도약을 위해 동력을 응축하는 과정으로 기능한다.

역경을 기회로 전환하는 힘은 상황을 낙관하는 태도 이전에, 발생한 사건의 맥락을 재정의하는 인식의 근력에서 나온다. 막다른 길 앞에서 좌절하는 자는 그곳을 끝이라 부르지만, 지혜로운 자는 그 벽을 딛고 서서 새로운 방향을 탐색하는 조망대로 삼는다. 장애물은 우리가 아직 발견하지 못한 우회로를 가리키는 이정표일 뿐이다.

삶의 성취는 끊임없는 변수 속에서도 궤도를 수정하며 나아가는 지속성에서 결정된다. 우회로에서만 볼 수 있는 풍경이 있고, 멈춰 선 시간에만 길어 올릴 수 있는 통찰이 있다. 시련의 무게에 눌려 침몰하지 않고 그 에너지를 기어이 반전의 동력으로 삼는 자만이 자신만의 지도를 완성하며 궁극의 목표에 도달하게 된다.

우리는 너무 자주…
생각의 불편함 없이 의견의
편안함을 누리고 있다.

존 F. 케네디

누구에게나 의견은 있다. 문제는 대다수가 '의견의 소유'를 '사유의 결과'로 착각한다는 점이다. 파편화된 정보에 의존해 내린 성급한 판단은 사유의 부재를 방증할 뿐이다. 맥락을 생략한 채 받아들인 단편적 지식은 생각을 확장하기보다 오히려 사고를 단순화한다. 이렇게 가공된 의견은 근거가 희박할지라도, 그 확신만큼은 견고한 무기가 되어 타인을 공격한다.

진정한 사유는 필연적으로 불편하다. 자신의 믿음이 흔들리는 순간을 마주하게 되고, 모호함이 주는 혼란을 견뎌야 하기 때문이다. 생각이 깊어질수록 판단은 늦어지고, 확신은 오히려 줄어든다. 오류를 직면하는 고통을 감내하는 자만이 사유의 문턱을 넘지만, 대부분은 익숙한 의견 뒤로 숨는 쪽을 택한다. 확증 편향의 늪에서 누리는 안락함에는 결코 지적 성장이 깃들 수 없다.

사회가 확신에 찬 구호를 요구할수록 우리에게 필요한 것은 불편함을 감수하는 사고다. 복잡한 난제 앞의 쉬운 답은 위험하며, 빠른 판단은 맹목으로 흐르기 쉽다. 생각하지 않아도 되는 답일수록 대중에게는 매력적으로 보이지만, 그 대가는 언제나 뒤늦게 드러난다. 진짜 지성은 언제든 틀릴 수 있음을 인정하는 정직함에 있다. 사유의 불편함을 거치지 않은 확신은 신념이 아니라, 시대를 소란스럽게 울리는 거대한 편견의 외침일 뿐이다.

사람들은 행복할 때 겨울인지 여름인지 신경 쓰지 않는다.

안톤 체호프

참된 행복은 조건을 초월한다. 우리는 환경이 완벽해야 행복할 거라 믿지만, 정작 행복한 순간에는 외부 조건이 중요치 않다. 사랑하는 이와 함께하거나 열정에 몰두하는 충만한 순간에는 계절도 날씨도 그저 배경일 뿐이다. 행복은 내면에서 피어나며, 그것이 충분할 때 환경은 더 이상 문제가 되지 않는다.

조건이 완벽해도 불행할 수 있고, 부족해도 행복할 수 있다. 겨울이 추운 것은 자연의 섭리지만, 그 추위가 가혹하게 느껴지는 것은 마음이 헐벗었기 때문일지도 모른다. 반대로 진정 행복할 때는 눈보라 속에서도 아름다움을, 무더위 속에서도 생동감을 느낀다. 계절은 변하지 않았지만, 우리가 달라진 것이다.

행복을 외부에 의존하면 우리는 영원히 불완전함에 머문다. 완벽한 상황은 존재하지 않으며, 만약에 존재한다 하더라도 지속될 수 없다. 하지만 내면의 행복은 외적 흐름과 무관하게 유지될 수 있다. 결국 진정한 행복은 주어지는 기적을 기다리는 일이 아니라, 지금의 조건 안에서 의미를 선택하고 마음의 중심을 스스로 세우는 능력에서 비롯된다.

삶의 만족도의 80%는 의미 있는 관계에서 비롯된다.

브라이언 트레이시

성과와 소유가 만족의 척도라는 믿음은 흔한 착각이다. 삶의 끝에 남는 감정의 밀도는 결국 사람과의 연결에서 비롯된다. 아무리 거대한 성취도 나눌 이가 없다면 메아리 없는 독백에 불과하다. 기쁨과 좌절의 무게는 '누구와 함께했는가?'에 의해 결정되고, 같은 사건이라도 함께한 존재에 따라 기억의 온도는 전혀 달라진다.

진정한 관계는 수용의 깊이에 있다. 내가 어떤 모습이든 받아들여질 것이라는 신뢰, 삶의 파고 속에서도 기꺼이 닻이 되어줄 존재가 있다는 확신은 그 무엇보다 든든한 영혼의 버팀목이다. 세계가 흔들리고 기반이 무너지는 순간에도 우리가 기어이 다시 서는 이유는, 나를 붙드는 관계의 매듭이 여전히 견고하기 때문이다.

성취는 시간을 통과하며 빛이 바래지만, 관계는 세월이 쌓일수록 더욱 깊어진다. 삶의 질을 높이는 가장 현명한 투자는 끊임없이 자신을 증명하는 목록을 채우는 것이 아니라, 서로의 삶에 정성껏 머무는 시간을 확보하는 일이다. 그 시간은 성과처럼 드러나지 않지만, 삶의 바닥을 가장 단단히 받쳐준다. 그렇게 인생이라는 긴 여정에서 우리가 얻을 전리품은 서로의 고독을 어루만져 줄 의미 있는 이름들이다.

모든 꽃을 잘라낼 수는 있겠지만,

봄이 오는 것을 막을 수는 없다.

_파블로 네루다

계산된 위험은 감수하라.

그것은 무모함과는 전혀 다르다.

_조지 S. 패튼

문해력이 없이는 산업 혁명도, 민주주의도, 스스로 통치할 수 있는 국민도 가질 수 없다. 인쇄기는 그야말로 문해력을 풀어준 열쇠였다.

하워드 라인골드

문해력은 글자를 읽는 기술을 넘어 세상에 참여하기 위한 실존적 조건이다. 글을 읽고 핵심을 이해하지 못하면 독립적 판단은 불가능해진다. 산업 혁명이 설명서를 실행으로 옮기는 노동자 위에서 완성되고 민주주의가 시민의 정책 이해도를 바탕으로 작동하듯, 문해력은 사회 운영의 설계도와 같다. 이 능력이 마비되면 개인의 판단력은 사라지고 해석의 권력은 정보를 점유한 소수에게 종속된다.

인쇄기의 등장은 지식을 특권에서 보편적 권리로 전환하며 사고 주체의 폭발적 확대를 불러왔다. 읽는 개인은 종교개혁과 과학혁명을 촉발하며 기존 체제의 위계질서를 근본적으로 재편했다. 이처럼 문해력은 세상을 이해하는 안목인 동시에 낡은 질서를 해체하는 변혁의 동력이었다.

하지만 우리는 안타깝게도 실질적 문해력이 퇴화하는 역설의 시대에 살고 있다. 말초적 자극에 매몰되어 사유의 층위가 무너진 시민은 선동에 취약해지고, 이해가 거세된 민주주의는 빈 껍데기로 전락한다. 스스로 통치하는 지적 자치권을 되찾기 위해서는 정보의 소음을 뚫고 본질을 꿰뚫는 비판적 문해력을 다시 연마해야 한다. 그것만이 어지러울 정도로 빨리 돌아가고 위태롭게 흔들리는 사회 속에서 우리를 지탱할 유일한 방책이다.

자신감을 가지면 많은 것을 즐길 수 있다. 그리고 즐길 수 있게 되면 놀라운 일들을 해낼 수 있다.

조 네이머스

삶의 커다란 성취는 언제나 하나의 공식처럼 움직인다. 자신감이 생기면 과정을 즐기게 되고, 그 즐거움 속에서 몰입할 때 누구도 예상치 못한 압도적인 성과에 도달한다. 자신감은 인간이 가진 잠재력을 최대로 끌어내어 거대한 결과물로 연결하는 가장 강력한 매개체다.

그렇다면 이 결정적인 자신감은 어디에서 오는가? 자신감의 진짜 뿌리는 현재에 대한 압도적 집중에 있다. 외부의 시선이나 미래의 불안을 지우고 지금 당면한 과업에 모든 정신을 쏟아부을 때, 잡념이 사라진 빈자리에 흔들리지 않는 자기 신뢰가 차오른다. 결국 자신감이란 눈앞의 일에 깊이 파고드는 과정에서 자연스럽게 얻어지는 심리적 자산이다.

이렇게 형성된 자신감은 우리를 위대한 결과로 인도한다. 자신감이 내면을 지탱하면 실패에 대한 위축 대신 상황을 장악하는 여유가 생기고, 그 여유가 고된 노동을 유희로 바꾸어 놓기 때문이다. 스스로 믿고 현재에 집중하는 사람에게 성취는 더 이상 고통스러운 인내의 산물이 아니다. 그것은 즐거움의 끝에서 마주하게 되는 필연적이고도 당연한 기적이다.

다른 사람을 비난함으로써 그 사람이 뭔가에 대해 죄책감을 느끼게 만드는 데는 성공할 수 있지만, 당신을 불행하게 만드는 자신의 무언가를 바꾸는 데는 성공하지 못할 것이다.

웨인 다이어

비난은 타인을 흔들 수는 있어도 나를 바로 세우지는 못한다. 타인에게 죄책감을 안겨주는 행위는 일시적인 감정의 해소나 도덕적 우월감을 줄 뿐, 내 삶을 불행하게 만드는 본질적인 결핍을 해결해 주지는 못한다. 비난의 화살을 밖으로 돌릴수록, 정작 변화가 필요한 내면의 목소리는 외면당하고 만다.

불행의 원인을 외부에서 찾으려 애쓰는 태도는 인생의 주도권을 타인에게 양도하는 것과 같다. 그리고 상대가 잘못을 뉘우치고 사과한다고 해서 내 안의 불행이 저절로 치유되는 것도 아니다. 비난은 고통을 잠시 잊기 위한 마취제에 불과하며, 마취가 풀린 자리에는 여전히 바뀌지 않은 초라한 현실이 기다리고 있다.

변화의 시작은 비난을 멈추고 시선의 방향을 되돌리는 것에 있다. 타인을 정죄하는 데 낭비했던 에너지를 나를 바꾸는 추진력으로 전환해야 한다. 내 삶을 불행하게 만드는 습관이나 사고방식을 직시하고 스스로 수정해 나갈 때, 우리는 타인의 행동과 무관한 진정한 평온에 도달할 수 있다. 단언컨대, 삶을 근본적으로 바꾸는 유일한 방향은 언제나 밖이 아니라 안쪽으로 향한다.

신은 모든 곳에 있을 수 없기에 어머니를 만드셨습니다.

러디어드 키플링

어머니는 신이 인간에게 보낸 가장 구체적인 형태의 구원이다. 어머니라는 이름 안에서 인간은 생애 최초의 안식처를 발견하며, 조건 없이 수용되는 경험을 통해 세상을 살아갈 근원적인 용기를 얻는다.

어머니의 헌신은 불완전한 인간사에서 발견할 수 있는 가장 신성한 흔적이다. 자신의 삶을 깎아 타인의 세계를 세우는 이 숭고한 이타심은, 보이지 않는 신의 섭리를 가시적인 사랑의 실체로 증명해 낸다. 우리가 어떤 실패 속에서도 끝내 무너지지 않는 이유는, 세상 모두가 등을 돌릴지라도 기꺼이 나의 편이 되어줄 절대적인 지지자가 존재한다는 확신 덕분이다.

그렇게 어머니는 신이 우리에게 허락한 사그라지지 않는 기적이다. 시간이 흘러 머리카락이 희어지고, 손이 떨리며, 기억이 흐려져도 그 사랑의 뿌리는 여전히 우리 안에 살아 숨 쉰다. 우리가 마지막 숨을 내쉴 때도, 세상의 모든 소리가 멀어지고 어둠이 다가올 그 순간에도, 가장 먼저 떠오르는 것은 아마도 어머니의 온기일 것이다.

문제를 해결하지 못하더라도 토론하는 것이, 토론 없이 문제를 해결하는 것보다 낫다.

조제프 주베르

해결책은 결과일 뿐이지만, 토론은 문제를 대하는 공동체의 철학이다. 토론 없는 해결은 당장의 갈등을 봉합할 뿐 그 밑바닥에 흐르는 오해와 소외까지 치유하지는 못한다. 문제는 제거할 대상이기 전에 서로의 다름을 확인하고 접점을 찾아가는 기회여야 한다. 비록 명쾌한 결론에 도달하지 못할지라도, 대화를 통해 서로의 시각을 나누는 과정 그 자체가 이미 절반의 해결을 의미한다.

토론 없는 독단적인 결론은 빠르지만, 동의가 결여된 대책은 결국 불신이라는 불씨를 남긴다. 반면 치열하게 논쟁하는 과정은 공동체의 내실을 다지는 밑거름이 된다. 당장 답을 얻지 못해도 토론을 거치며 쌓인 서로에 대한 이해는, 다음 문제를 해결할 가장 강력한 자산인 '신뢰'로 남는다.

성숙한 사회의 핵심은 정답을 찾아가는 여정에 모두의 자리를 마련하는 데 있다. 해결되지 않은 문제는 다음의 과제로 남겨두면 되지만, 토론이 생략된 해결은 공동체의 영혼 자체를 메마르게 한다. 함께 고민하고 말할 수 있는 장이 살아있을 때, 인간은 문제에 함몰되지 않고 삶의 주체로서 연대할 수 있다. 과정의 가치를 존중하는 토론이야말로 표면적 해결을 넘어 궁극적 통찰로 나아가는 유일한 길이다.

해내기 전까지는 항상 불가능한 일처럼 보인다.

넬슨 만델라

불가능은 경험의 부재가 만든 심리적 장벽이다. 우리는 가보지 않은 길을 '할 수 없는 것'이라 부르고, 시도하지 않은 미래를 '비현실적'이라 단정하곤 한다. 그러나 인식은 언제나 과거를 기준으로 내일을 재단하기에, 새로운 가능성은 늘 과장된 두려움의 형태로 먼저 나타난다. 즉, 불가능은 낯선 대상을 마주할 때 느끼는 감각의 착시일 뿐이다.

해결책은 실행의 현장에서 구체화되며, 자신감은 시도의 반복 속에서 단단해진다. 처음의 서투름은 실패의 징조가 아닌 성장의 징후에 가깝다. 불가능해 보이던 과업이 어느덧 당연한 성취로 바뀌는 이유는 그 과정을 통과하며 우리의 역량이 확장되었기 때문이다. 우리는 해낼 수 있어서 시작하는 것이 아니라, 시작했기 때문에 해낼 수 있게 된다.

불가능은 목적지와 현재 사이의 '거리'일 뿐, 우리를 가로막는 영원한 '벽'이 아니다. 그 벽이 사실은 새로운 세계로 향하는 '문'이었다는 사실은 끝까지 가본 자만이 깨닫는 진실이다. 불가능은 한계의 끝이기에 앞서, 기존의 틀을 깨고 도약하는 새로운 분기점의 시작이다.

기분이 좋을 때는 감사한 마음을 갖고, 기분이 좋지 않을 때는 우아하게 대처하는 것이 인생 요령이다.

리처드 칼슨

행복은 기분이 좋을 때 그 기쁨을 온전히 누리는 감사에서 시작된다. 좋은 기분은 삶이 선사하는 일시적인 선물이다. 그 기쁨을 무심히 흘려보내지 않고 의식적으로 받아들이는 순간, 행복은 단순한 기분을 넘어 경험으로 남는다. 기분이 고조되었을 때 오만해지지 않고 그 순간의 충만함을 감사로 매듭짓는 태도는 긍정적인 기운을 내면에 축적하는 가장 좋은 방법이다. 그렇게 감사는 기쁨의 유효기간을 늘리는 가장 빛나는 수단이다.

진정한 내공은 기분이 좋지 않을 때 확실하게 증명된다. 그 순간을 어떻게 통과하느냐가 우리가 어떤 사람으로 남을지를 조용히 결정한다. 그래서 감정의 저기압이 찾아올 때 필요한 것이 바로 '우아한 대처'다. 우아함이란 불쾌한 기분이 나의 본질을 훼손하지 못하도록 격조 있게 거리를 두는 태도다. 감정의 소용돌이 속에서도 평정심을 잃지 않는 품위는 나를 보호하는 가장 단단한 갑옷이 된다.

감정에 반응하는 삶과 감정을 다루는 삶 사이에는 결정적인 차이가 있다. 그것은 일희일비하지 않고 상황에 맞는 태도를 선택함으로써, 환경에 지배당하지 않는 주권을 되찾을 때 주어지는 자유다. 그래서 좋을 때는 감사로 기쁨을 나누고, 시련의 시기에는 우아함으로 그늘진 시간을 통과해야 한다. 감정의 질서를 다스리는 힘이 자리 잡으면 삶은 표류가 아니라 항해가 된다.

물방울이 돌을 뚫는 것은 힘이 아니라 자주 떨어지기 때문이다.

루크레티우스

사람들은 큰 변화를 이루기 위해 강한 의지나 특별한 재능이 필요하다고 믿는다. 하지만 삶에서 대부분의 성과는 눈에 띄지 않는 반복 속에서 만들어진다. 물방울 하나는 아무 힘도 없어 보이지만, 멈추지 않고 같은 자리에 떨어질 때 가장 단단한 돌조차 형태를 바꾼다.

지속의 힘은 늘 과소평가된다. 하루의 노력은 미미해 보이고, 그날의 변화는 거의 느껴지지 않는다. 그래서 우리는 쉽게 포기한다. 그러나 반복은 눈에 보이지 않는 방식으로 방향을 바꾸고, 쌓이지 않는 것처럼 보이던 시간은 어느 순간 되돌릴 수 없는 차이를 만든다. 변화는 선형적으로 드러나지 않으며, 보이지 않게 축적되다가 역치를 넘는 순간 비로소 명료하게 인식된다.

삶을 결정짓는 것은 단 한 번의 눈부신 도약이 아니라, 지루한 권태를 이겨낸 성실함의 밀도다. 거대한 장애물 앞에서 우리에게 필요한 것은 꾸준히 떨어지는 물방울처럼 의연하게 자신의 자리를 지키는 끈기다. 매일의 사소한 반복이 임계점을 넘어서는 순간, 우리가 마주했던 단단한 장벽은 마침내 길을 내어주며 새로운 세계를 드러낸다. 그렇게 물방울이 돌을 뚫듯, 꾸준함은 조용하지만 가장 확실한 방식으로 인간을 변화시킨다.

사랑 같은 우정은 따뜻하고,
우정 같은 사랑은 꾸준하다.

토머스 무어

사랑 같은 우정은 차가운 세상 속에서 더없이 다정하고 따뜻한 위로가 된다. 우정의 경계를 넘어 상대의 아픔을 내 것처럼 껴안는 그 지극한 온기는, 단순한 친밀함을 넘어선 영혼의 결속을 만들어 낸다. 그것은 타인이라는 타국에서 만난 가장 안락한 집과 같다.

반대로 우정 같은 사랑은 격정의 파도가 지나간 자리에 끈끈한 유대를 남긴다. 설렘은 시간이 지나면 필연적으로 옅어지지만, 그 자리를 채우는 우정의 속성은 사랑을 '꾸준하게' 만든다. 우정 같은 사랑은 서로를 소유하기보다 존중하며, 감정의 기복에 휘둘리지 않고 묵묵히 곁을 지키는 성실함을 지닌다. 불꽃처럼 화려하게 타오르기보다, 꺼지지 않는 숯불처럼 관계의 생명력을 지속시키는 힘은 바로 이 우정이 맺어준 단단한 매듭에서 나온다.

우정 속에 사랑의 다정함이 깃들 때 우리는 삶의 고독을 잊고, 사랑 속에 우정의 의리가 뿌리 내릴 때 우리는 관계의 영원함을 꿈꿀 수 있다. 사랑의 맥박과 우정의 숨결이 서로에게 긴밀히 스며드는 과정은 삶에서 가장 고귀한 형태의 연결을 완성하게 된다.

강은 이것을 알고 있다.
서두를 필요가 없단 것을.
언젠가 그곳에 도착한다는 것을.

A. A. 밀른

강은 바다를 향해 서두르는 법이 없다. 물줄기는 구불구불한 곡선을 기꺼이 받아들이고, 바위를 만나면 돌아가며, 평야에서는 산책하듯 느릿하게 흐른다. 강이 이토록 의연한 이유는 자신의 종착지가 바다임을 의심하지 않기 때문이다. 지름길을 찾으려 발버둥치는 대신, 강은 '흐름'이라는 본질에 집중하며 자신만의 속도를 지켜낸다.

반면 인간의 시간은 늘 조급함으로 요동친다. 남보다 먼저 도착하는 것에 매몰되어 정작 생의 풍경을 놓치고, 때가 오지 않았음에도 억지로 꽃을 피우려 애쓴다. 하지만 모든 위대한 변화에는 고유의 시간표가 있다. 씨앗이 흙을 뚫는 데 정해진 인내가 필요하듯, 우리 삶 또한 억지스러운 가속이 아닌 축적의 시간이 필요하다.

삶의 기술은 서두르지 않으면서도 멈추지 않는 유연함에 있다. 자신의 리듬을 유지하되, 언젠가 도착한다는 확신만큼은 단단히 움켜쥐는 것이다. 길을 돌아가는 모든 순간은 우리를 더 깊은 바다로 안내하기 위한 풍요로운 예행연습이다. 조급함이라는 노를 내려놓고, 생의 흐름에 몸을 맡겨야 한다. 그러면 우리는 가장 완벽한 순간에, 우리가 있어야 할 그곳에 반드시 서게 된다.

우리는 비틀거리고 넘어질 수 있지만

다시 일어날 것이다.

우리가 전투에서 도망치지 않았다면

그것으로 충분하다.

_마하트마 간디

자신의 결점을 받아들이면,

그 누구도 이를 악용할 수 없다.

_조지 R.R 마틴

**이 생에서 우리의 가장 중요한 목적은
다른 사람들을 돕는 것이다. 그리고 만약
도울 수 없다면, 최소한 해를 끼치지는 마라.
타인에 대한 관심이야말로
인간다움의 근간이다.**

달라이 라마

인간은 홀로 완성되는 존재가 아니다. 태어나서부터 죽을 때까지 우리는 타인의 온기에 빚진 채 살아간다. 그러므로 우리 생의 가장 깊은 목적은 그 빚을 갚듯 서로를 돕는 데 있다. 누군가의 고통을 나누고 짐을 함께 지는 것은 우리가 이 세상에 도착한 본질적인 이유를 증명하는 고결한 행위다.

그러나 매 순간 타인의 구원자가 될 수는 없다. 우리 역시 때로 고갈되고 상처 입어, 손 내밀 여력조차 없는 척박한 계절을 지난다. 그럴 때 우리가 지켜야 할 최소한의 윤리는 '무해함'이다. 타인을 일으켜 세울 힘이 없다면, 적어도 그가 넘어진 자리를 짓밟지는 않겠다는 사려 깊은 절제가 필요하다. 나의 편의를 위해 누군가를 희생시키지 않는 신중함만으로도 세상은 훨씬 덜 잔인해진다.

인간다움은 자기 삶의 경계를 넘어 타인을 향해 열리는 마음에서 드러난다. 돕는 것이 본성의 찬란한 회복이라면, 해를 끼치지 않는 것은 인간으로서 지켜내야 할 최후의 존엄이다. 다정함으로 손을 뻗고 무해함으로 자리를 지키는 사이, 우리의 생은 조금씩 더 완전해진다.

우리는 서로에게 소리를 지르는 것을 멈출 때까지, 즉 우리의 말과 목소리가 잘 들릴 수 있을 정도로 조용히 말할 때까지는 서로에게서 배울 수 없다.

리처드 M. 닉슨

소통의 본질은 듣는 것에 있다. 그럼에도 우리는 종종 더 크게 말하면 상대가 받아들일 것이라 착각하며 목소리를 높인다. 안타깝게도 소리를 지를수록 우리는 서로에게서 멀어질 뿐이다. 고함은 귀를 막게 만들고, 감정은 이성을 가리며, 결국 아무도 배울 수 없는 공허한 대립만 남는다.

조용히 말한다는 것은 단순히 목소리를 낮추는 것에만 국한되지 않는다. 그것은 상대를 적이 아닌 배울 대상으로 보는 태도의 전환이며, 내가 틀릴 수도 있다는 겸손함을 받아들이는 마음가짐이다. 조용한 목소리는 상대에게 안전함을 주고, 그 안전함 속에서 진실한 교류가 일어난다. 우리가 강요하지 않을 때 상대도 저항하지 않으며, 부드러운 말은 오히려 더 강하게 마음에 새겨진다.

대화의 울림은 목소리의 크기가 아닌 경청의 깊이에서 나온다. 상대를 이기려는 욕망을 내려놓고 서로의 주파수가 맞닿는 고요함 속에서, 우리는 비로소 타인의 지혜를 온전히 받아들인다. 소리를 지르는 자는 자신의 메아리에 갇히지만, 차분하게 말하는 자는 경계를 허물며 더 넓은 이해로 나아간다. 이것이 올바른 소통의 본질이다.

프레데릭 더글러스

표현의 자유를 억압하는 것은 이중으로 잘못된 일입니다. 말하는 사람의 권리뿐만 아니라 듣는 사람의 권리도 침해하는 것이기 때문입니다.

표현의 자유는 단지 말할 수 있는 권리만을 뜻하지 않는다. 그것은 생각이 세상으로 나올 수 있는 통로이자, 사회가 스스로를 성찰할 수 있게 하는 최소한의 조건이다. 한 사람의 입을 막는 순간 사라지는 것은 말 한마디가 아니라, 그 말이 던질 수 있었던 질문과 가능성이다.

자유를 제한할 때 우리는 흔히 말하는 사람만을 떠올린다. 그러나 침묵을 강요받는 것은 발언자만이 아니다. 들을 기회를 잃은 사람들 역시 판단할 권리를 박탈당한다. 무엇이 옳은지, 무엇이 위험한지 스스로 사고할 기회는 다양한 목소리 위에서만 형성되기 때문이다. 듣지 못하는 사회는 결국 생각하지 못하는 사회로 기울어진다.

표현의 자유는 공동체의 지적 생명선에 가깝다. 불편한 말이 존재할 수 있어야 진실도 가려낼 수 있고, 서로 다른 의견이 허용될 때 사회는 성숙한다. 말할 권리와 들을 권리를 온전히 지켜낼 수 있을 때, 우리는 자유로운 사회 안에서 스스로 판단하는 시민으로 머물 수 있게 된다.

흥미로운 것을 발견하면, 다른 모든 것을 내려놓고 그것을 파고들어라.

B. F. 스키너

진정한 배움은 매혹에서 시작된다. 무언가가 우리의 호기심을 사로잡고 더 알고 싶다는 갈망을 일으킬 때, 그것은 무심히 지나쳐서는 안 될 신호다. 흥미는 우리 내면이 보내는 방향 지시등이며, 우리가 깊이 성장할 수 있는 지점을 가리키는 나침반이다. 그 순간 다른 모든 것을 잠시 내려놓고 몰입하는 일은 가장 정직하고 본질적인 투자다.

우리는 흔히 계획된 순서와 정해진 방식대로 움직여야 한다는 압박 속에서 살아간다. 하지만 진정한 발견은 뜻밖의 끌림을 따라갈 때 시작되는 경우가 많다. 매혹된 상태에서는 사고가 자연스럽게 깊어지고, 집중은 오래 지속되며, 배움은 기억 속에 단단히 남는다. 억지로 채운 백 시간보다, 열정을 품고 몰입한 열 시간이 삶을 더 멀리 움직인다.

무언가에 강하게 끌린다는 것은 그곳에 우리의 재능이 닿을 자리가 있다는 신호라는 사실을 잊지 말아야 한다. 다른 것들을 내려놓는다는 것은 자신의 본질에 귀 기울이겠다는 적극적 선택이다. 그렇게 흥미를 따라 끝까지 파고드는 사람만이 결국 표면 아래 숨어 있는 자신만의 깊이를 발견하게 된다.

누구도 자신이 틀렸다는 사실을 인정하는 것을 부끄러워해서는 안 된다. 이는 달리 말하면, 오늘의 자신이 어제의 자신보다 더 현명해졌다는 뜻이기 때문이다.

알렉산더 포프

우리는 흔히 틀렸음을 고백하는 것을 자존심의 상처라 여기지만, 그것은 사실 '어제의 나보다 오늘 더 지혜로워졌음'을 공표하는 당당한 선언이다. 틀린 답을 움켜쥐고 고집을 부리는 침체보다, 기꺼이 오답을 버리고 진실을 채우는 유연함이 우리를 더욱 인간답게 만든다.

부끄러워해야 할 것은 새로운 빛이 비치는데도 여전히 낡은 어둠 속에 머물려 하는 고집이다. 그 고집을 물리치는 인정의 고통은 순간에 불과하지만, 그 대가로 얻는 통찰은 평생의 자산이 된다. 내가 틀렸다는 사실을 깨닫는 것은 내 지성이 살아 움직이며 끊임없이 진화하고 있다는 가장 확실한 증거이기도 하다.

성숙은 자신의 부족함을 끊임없이 갱신해가는 여정이다. "내가 틀렸다"라고 말하는 입술은 더 나은 진실을 향한 정직한 용기를 머금고 있다. 과거의 아집을 내려놓고 새로운 배움을 받아들이는 사이, 우리는 매일 조금씩 더 근사한 사람이 되어간다. 어제의 부족한 나를 기꺼이 인정할 수 있는 자만이, 내일의 더 현명한 자신을 마주할 자격을 얻는다.

친절한 말은 짧고 쉽게 할 수 있지만, 그 울림은 영원하다.

마더 테레사

친절한 말은 찰나에 머물다 사라지는 잔향이 아니라, 타인의 영혼에 평생토록 머무는 깊은 잔상이다. 한마디 다정한 말을 내뱉는 데는 잠깐의 순간과 작은 숨결이면 충분하지만, 그 속에 담긴 온기는 상대의 차가운 생을 데우고 무너진 마음을 다시 세우는 결정적인 힘이 된다.

말의 위력은 길이나 화려함에 있지 않다. 투박하더라도 진심이 실린 짧은 고백은 시간이 흐를수록 더 선명하게 울리며 한 사람의 인생을 지탱하는 이정표가 되기도 한다. 우리가 건넨 무심한 다정함이 누군가에게는 칠흑 같은 어둠 속을 밝히는 마지막 등불이 될 수 있다는 사실은 말에 깃든 거룩한 힘을 보여준다.

친절한 말은 타인에게 주는 선물이자, 나 자신의 내면을 가꾸는 경건한 의식이다. 짧은 배려가 영원한 울림으로 남는 것은 그 속에 인간을 향한 깊은 사랑이 응축되어 있기 때문이다. 오늘 우리가 심은 다정한 말 한마디는 누군가의 황무지 같은 마음속에서 지지 않는 꽃으로 피어나, 그의 내일을 향기롭게 적실 것이다.

필요한 것부터 시작하고,
그러고 나서 가능한 것을 하라.
그러면 갑자기 당신은
불가능한 것을 하고 있을 것이다.

아시시의 성 프란치스코

위대한 성취는 당장 필요한 일을 해치우는 성실함에서 시작된다. 막막한 목표에 압도되어 멈춰 서기보다, 눈앞의 작은 과제부터 하나씩 해결하는 과정이 기적으로 향하는 유일한 길이다. 지금 어둠 속에서 헤매고 있다면 발밑을 비출 촛불 하나를 먼저 켜는 일에만 집중해야 한다.

그렇게 필요한 일을 마치면 어느새 시야가 넓어져 가능한 일들이 보이기 시작한다. 작은 성취들을 묵묵히 쌓아 올리는 동안 한계는 소리 없이 확장되고 내면의 근육은 단단해진다. 필요한 것과 가능한 것의 벽돌을 차례로 쌓다 보면, 어느덧 상황은 전혀 다른 국면으로 접어들어 있다.

불가능이란 아직 과정을 거치지 않은 상태의 이름일 뿐이다. 매일의 작은 실천이 임계점을 넘는 순간, 우리는 이미 불가능이라 믿었던 영역 안에서 숨 쉬고 있음을 깨닫게 된다. 기적은 가장 낮은 곳에서 시작해 가장 높은 곳까지 쉼 없이 걸어온 발걸음이 만들어 낸 필연적인 결과다.

깨끗한 양심만큼 부드러운 베개는 없다.

글렌 캠벨

밤은 진실의 시간이다. 모든 소음이 멈추고 혼자 남겨진 어둠 속에서, 우리는 낮 동안 외면했던 것들과 마주한다. 아무리 포근한 침대에 누워도 양심의 가책이 있다면 잠은 오지 않는다. 후회와 죄책감은 가장 편안한 베개조차 돌덩이로 만들어버린다. 반대로 비록 딱딱한 바닥에 누워도 마음이 평온하다면 깊은 잠에 빠질 수 있다. 진정한 편안함은 내면의 평화에서 온다.

깨끗한 양심은 완벽함을 뜻하지 않는다. 그것은 자신이 옳다고 믿는 대로 살았고, 잘못했다면 바로잡으려 노력했으며, 누군가에게 해를 끼쳤다면 진심으로 사과했다는 확신이다. 우리는 살아가며 수많은 선택을 하고, 때로는 실수도 한다. 하지만 중요한 것은 그 선택에 거짓이 없었고, 그 실수를 외면하지 않았다는 사실이다. 깨끗한 양심은 완벽한 삶이 아닌 올바른 삶의 결과다.

그러므로 우리가 궁극적으로 추구해야 할 것은 외적 성공보다 내적 평화다. 세상의 인정을 받고 물질적 풍요를 누려도, 양심에 빚이 있다면 진정한 안식은 없다. 반대로 비록 가진 것이 적어도 떳떳하게 살았다면 그 마음의 평온함은 그 무엇과도 바꿀 수 없다. 깨끗한 양심은 우리가 스스로에게 줄 수 있는 가장 큰 선물이며, 그것이야말로 어떤 사치품보다 값진 것이다.

세상을 오직 이성으로만 이해할 수 있다고 여겨서는 안 된다. 이성적 판단은 진리의 한 부분일 뿐이다.

카를 융

우리는 명쾌한 논리와 객관적 수치만이 세상을 설명하는 유일한 정답이라 믿곤 한다. 하지만 세상을 오직 이성으로만 이해하려는 시도는 거대한 바다를 작은 컵에 담으려는 것과 같다. 이성은 길을 잃지 않게 돕는 훌륭한 나침반이지만, 그 나침반 너머에는 논리로 설명할 수 없는 수많은 신비와 무의식의 심연이 존재한다.

이성적 판단은 진리라는 거대한 퍼즐의 한 조각일 뿐이다. 삶의 결정적인 순간들을 떠올려 보라. 누군가를 사랑하게 되는 이유나 불현듯 찾아오는 영감은 결코 이성의 계산기에서 나오지 않는다. 그것은 논리의 문법을 초월한 마음의 울림이자, 내면에 각인된 본능적 지혜의 산물이다. 이성의 틀 안에서 정제된 진리가 우리에게 명확한 질서를 준다면, 그 틀 너머의 진리는 우리를 전율케 하는 생명력을 지닌다.

본질적 이해는 이성과 직관, 논리와 감성이 조화를 이룰 때 가능하다. 이성은 세상을 분석하는 데 탁월하지만, 직관은 논리가 닿지 못하는 곳에서 통찰을 가져다준다. 진정으로 지혜로운 사람은 이성을 존중하되 그것에 갇히지 않으며, 머리로 생각하는 동시에 가슴으로 느끼며 삶의 온전한 진리에 도달한다.

월리엄 센스톤

거짓말쟁이는 거짓을 진실처럼 보이게 하는 것으로 시작하여, 결국 진실 자체를 거짓처럼 보이게 만드는 것으로 끝을 맺는다.

거짓은 처음부터 노골적으로 등장하지 않는다. 그것은 늘 사실의 얼굴을 흉내 내며 조심스럽게 스며든다. 진실과 아주 닮은 형태로 다가오기 때문에 사람들은 쉽게 경계를 풀고, 의심은 점점 사라진다.

문제는 그다음이다. 거짓이 반복되면 기준이 흔들린다. 무엇이 사실이고 무엇이 왜곡인지 가려내던 감각이 무뎌지면서 진실조차 의심의 대상이 된다. 그 순간부터 세상은 '참과 거짓'의 구분이 아니라, '내 편의 이야기'와 '남의 편 이야기'로 나뉜다.

거짓이 초래하는 가장 큰 파괴는 신뢰의 붕괴다. 진실이 힘을 잃은 사회에서는 옳고 그름보다 유리함과 진영이 판단의 기준이 된다. 이때 거짓은 단순한 왜곡을 넘어 공동체를 분열시키는 구조로 변한다.

우리가 맞서야 할 대상은 개별적인 거짓 하나하나가 아닌, 진실의 자리를 지워버리는 무감각이다. 진실을 말하고, 믿고, 지키려는 그 끈질긴 태도만이 무너진 신뢰를 재건하고, 다시 우리를 진실의 토대 위에 세울 수 있다.

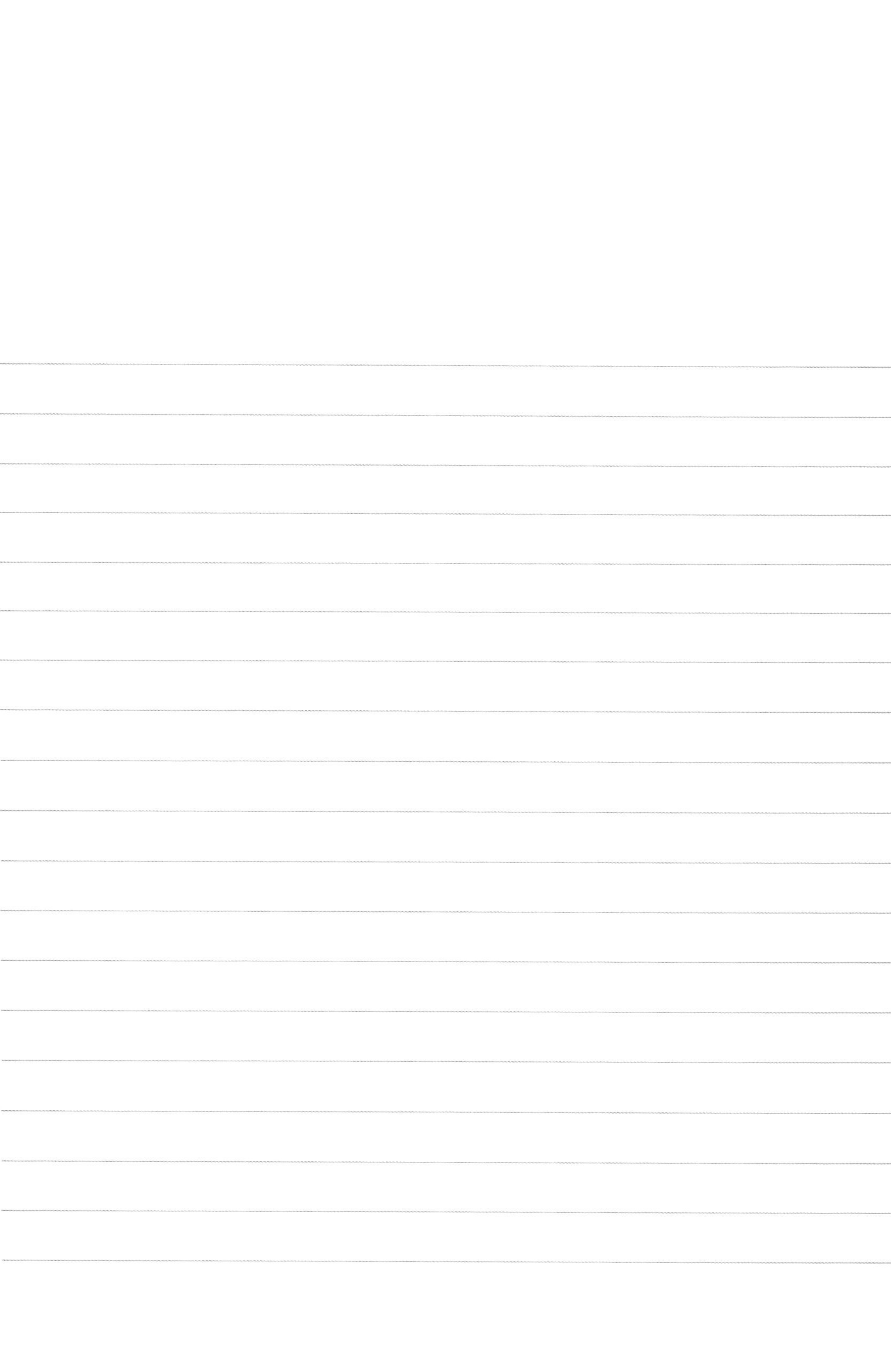

내가 태어난 날부터 나의 죽음은 걸어오기 시작했다.

서두르지 않고 나를 향해 걸어오고 있다.

_장 콕토

주여, 제가 이해하지 못하는 것을

경멸하거나 반대하지 않도록 도와주소서.

_윌리엄 펜

친절은 귀가 먹은 사람이 들을 수 있고, 눈이 먼 사람이 볼 수 있는 언어이다.

마크 트웨인

친절은 번역이 필요 없는 언어다. 말이 통하지 않아도, 문화가 달라도, 심지어 감각이 닫혀 있어도 친절은 전달된다. 귀가 들리지 않는 사람도 누군가의 따뜻한 손길을 느낄 수 있고, 눈이 보이지 않는 사람도 진심 어린 배려를 감지할 수 있다. 친절은 소리나 이미지를 넘어서 존재 자체로 전해지는 메시지이기 때문이다. 친절은 우리가 가진 가장 원초적이면서도 가장 강력한 소통의 방식이다.

세상은 온갖 장벽으로 가득하다. 언어와 문화, 편견과 한계가 사람들 사이를 가로막는다. 하지만 친절은 그 모든 장벽을 뛰어넘는다. 말없이 자리를 양보하는 행동, 무심히 건네는 미소, 힘든 이에게 내미는 손에는 설명이 필요 없다. 친절은 마음에서 마음으로 직접 전해진다.

우리가 서로를 가장 깊이 이해하는 순간은 진심이 행동으로 드러났을 때다. 친절은 누군가를 설득하지 않고, 과시하지 않으며, 그저 상대의 존재를 인정하고 배려한다. 그래서 친절은 누구나 사용할 수 있는 가장 보편적인 언어이자, 우리가 같은 세상을 살아가고 있음을 조용히 증명하는 인간적인 방식이다.

당신이 얼마나 그들을 아끼는지 보여주고 위협적이지 않은 방식으로 질문한다면, 그들이 당신에게 얼마나 많은 것을 말해주는지에 놀라게 될 것이다.

존 C. 맥스웰

사람들은 자신이 존중받고 있다고 느낄 때 마음을 연다. 우리는 종종 정보를 얻으려 다그치고, 답을 얻으려 몰아붙이지만, 그럴수록 사람들은 방어벽을 높인다. 반대로 진심 어린 관심을 보이고, 판단하지 않겠다는 신호를 보내며, 부드럽게 질문할 때 사람들은 놀라울 만큼 솔직해진다. 마음을 여는 열쇠는 안전함이며, 그 안전함은 상대를 진정으로 아낀다는 신뢰에서 싹튼다.

위협적이지 않은 질문은 상대를 시험하지 않는다. 그것은 정답을 요구하지 않고, 비난을 전제하지 않으며, 그저 상대의 이야기를 듣고 싶다는 순수한 호기심에서 나온다. "왜 그랬어?"가 아니라 "무슨 일이 있었어?", "네가 틀렸어"가 아니라 "네 생각은 어때?", 이런 작은 차이가 대화의 방향을 완전히 바꾼다.

진정한 소통은 관계를 쌓는 예술이다. 사람들은 당신이 알고 싶어 하는 것보다 훨씬 더 많은 것을 알려줄 준비가 되어 있다. 다만 그들에게 필요한 것은 자신의 고백이 훼손되지 않을 안전한 공간이다. 당신이 진심으로 그들을 아끼고 있음을 보여주고, 그들의 말을 존중하며 들을 준비가 되어 있다면, 사람들은 당신이 상상했던 것보다 훨씬 더 깊은 이야기를 나눌 것이다.

똑똑한 사람은 올바른 것에 집중한다.

젠슨 황

세상에는 할 수 있는 일이 무한하지만, 해야 하는 일은 제한적이다. 똑똑한 사람과 그렇지 않은 사람의 차이는 집중의 방향에 있다. 똑똑한 사람은 수많은 선택지 앞에서 더 많은 것을 하려 애쓰기보다, 먼저 중요하지 않은 것을 과감히 가려낸다. 그리고 남은 것들 중에서도 가장 중대한 목표 하나에 온 힘을 쏟는다. 선택의 기준이 분명하기에 그들의 에너지는 흩어지지 않는다.

올바른 것에 대한 집중은 자신이 왜 존재하는지, 무엇을 이루고자 하는지에 대한 명확한 이해에서 비롯된다. 목적이 분명한 사람은 선택 앞에서 오래 흔들리지 않는다. 많은 사람들이 긴급한 것에 쫓기며 하루를 소모하지만, 똑똑한 사람은 중요함을 기준으로 움직인다. 그들은 당장의 작은 성과보다 장기적으로 의미 있는 목표를 택하고, 주변의 소음이나 타인의 속도에 쉽게 휘둘리지 않는다.

그래서 똑똑한 사람의 하루는 늘 단순하다. 그들은 바쁨으로 자신을 증명하려 하지 않고, 의미로 하루를 채운다. 방법은 명료하고, 방향은 분명하다. 집중이 분산되지 않기에 노력은 낭비되지 않고, 시간은 서서히 성과로 변한다. 차곡차곡 쌓인 하루는 우연이 아닌 필연의 결과가 된다. 그렇게 집중은 가장 강력한 힘이 되고, 방향은 모든 성과를 결정하는 기준이 된다.

우리는 끔찍한 일이 일어나기 전까지는 건강을 당연하게 여긴다.

롭슨 그린

우리는 건강의 존재를 '당연함'이라 부르고, 그 부재를 '인생의 전부'라 읽는다. 몸이 소임을 다하는 동안 우리는 육체의 존재를 망각한다. 호흡과 발걸음, 깊은 잠이 아무런 노력 없이 이루어지기에 건강은 당연한 배경처럼 취급된다. 그러나 이 조용한 무관심은 건강이 가진 가장 위험한 함정이다. 당연하다는 인식 속에서 몸은 서서히 소진되지만, 삶이 무너질 수 있다는 신호는 좀처럼 주목받지 못한다.

평범했던 일상은 몸과 마음을 쿡쿡 찌르는 신호 하나에 힘없이 흔들리기 시작한다. 낯선 통증과 불안은 그동안 무심히 착취해 온 몸의 소중함을 뒤늦게, 그리고 가혹하게 일깨운다. 건강은 보이지 않는 곳에서 매일 조용히 분투하며 유지되는 정교한 균형이라는 사실을 폐허 위에서야 깨닫고, 그제야 우리는 몸이 결코 자동으로 작동하는 기계가 아니었음을 인정하게 된다.

건강은 존중의 문제다. 몸을 당연하게 대하지 않는 태도, 훗날 눈물겹게 그리워할 '오늘의 평온'을 지금 이 순간을 의식적으로 소유하려는 노력이 필요하다. 이렇듯 건강을 잃은 뒤 삶을 되찾으려 애쓰기보다, 아직 온전할 때 그 자리를 지켜내는 선택이야말로 우리가 완수해야 할 가장 성숙한 자기 책임이다.

침묵은 대화의 가장 위대한 기술 중 하나이다.

마르쿠스 툴리우스 키케로

침묵은 의미가 가장 짙게 머무는 시간이다. 우리는 흔히 유창함을 대화의 실력이라 착각하지만, 진정한 언변의 달인은 언제 입을 닫아야 할지를 본능적으로 알고 있다. 적절한 침묵은 상대에게 사유의 공간을 제공하며, 흩어진 감정을 수습할 시간을 선물한다. 반대로 끊임없이 말을 채우는 사람은 대화를 독점할 뿐, 진정한 교류를 만들어내지 못한다.

침묵은 경청의 가장 순수한 형태다. 상대의 말이 채 끝나기도 전에 대답을 설계하지 않는 것, 내 주장을 밀어넣기보다 그의 생각이 온전히 무르익기를 기다려주는 것이야말로 침묵이 가진 품격이다. 말하지 않는 순간에도 마음은 여전히 깨어 있으며, 이해를 향한 집중은 더욱 깊어진다. 대다수가 자기 차례를 기다리는 '대기자'로 머물 때, 침묵하는 자는 말 뒤에 숨은 떨림과 언어로 다 담지 못한 진심까지 읽어낸다.

대화의 격은 정적의 깊이로 결정된다. 자신을 증명하려는 욕망을 누르고 상대에게 무대를 내어주는 일은 결연한 절제와 성숙을 요구한다. 침묵은 소통을 위한 넓은 광장이며, 그 정적을 견뎌내는 무게감이 곧 대화의 품격을 증명한다.

모든 관점에서
아름다운 것은 없다.

호라티우스

완벽한 아름다움은 존재하지 않는다. 어떤 것도 모든 사람의 눈에, 모든 각도에서, 모든 순간에 아름다울 수는 없다. 한 사람에게 걸작인 것이 다른 이에게는 평범할 수 있고, 한 시대의 이상이 다른 시대에는 낡은 것이 될 수 있다. 아름다움은 바라보는 시선과 맺는 관계 속에서 탄생한다.

이 사실은 우리에게 겸손을 가르친다. 내가 아름답다고 여기는 것을 타인이 알아보지 못한다고 해서 그들이 틀린 것이 아니며, 내가 가치 없다고 여기는 것을 누군가 소중히 여긴다고 해서 그들이 어리석은 것도 아니다. 아름다움에 대한 판단은 시각의 차이다. 우리가 서 있는 위치, 살아온 경험에 따라 세상은 다르게 보인다.

우리에게 필요한 것은 다양성을 받아들이는 지혜다. 내가 보지 못하는 아름다움을 누군가는 발견한다. 이 사실을 모른 채 하나의 잣대로 세상을 재단할수록 우리가 만날 수 있는 세계는 좁아질 수밖에 없다. 모든 관점에서 아름다운 것은 없지만, 그렇기에 세상은 더 다채롭고, 우리는 서로의 시선을 통해 더 넓은 아름다움을 경험할 수 있는 것이다.

당신을 대신해 연습할 사람을 고용할 수는 없다.

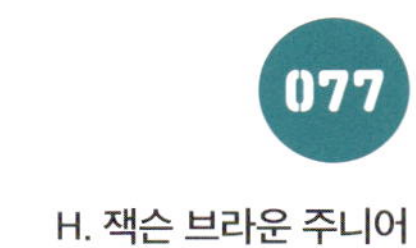

H. 잭슨 브라운 주니어

세상은 많은 것을 돈으로 해결할 수 있다고 유혹하지만, 끝내 타인에게 외주를 줄 수 없는 영역이 있다. 바로 '연습'이다. 우리를 대신해 결과물을 만들어낼 대리인을 고용할 수는 있어도, 그 과정에서 축적되는 숙련도와 내면의 근력까지 대신 쌓아줄 사람은 없다. 성장은 본인의 시간을 오롯이 쏟아부어 직접 통과한 이들에게만 허락되는 정직하고도 배타적인 보상이기 때문이다.

연습은 무수한 시행착오를 통해 자신의 한계를 직시하고 넓혀가는 치열한 자기 대면의 과정이다. 이 과정을 통해 우리는 기법을 넘어선 직관을 얻고, 지식을 넘어선 체득을 이루며, 결과를 넘어선 내공을 쌓는다. 이처럼 연습은 삶을 지탱하는 가장 본질적인 뿌리가 되어 우리를 흔들림 없이 세운다.

인생의 내공은 우리의 손으로 직접 일궈낸 시간의 밀도에서 완성된다. 편리함의 시대에 연습이라는 정공법을 택하는 것은 자신을 기만하지 않겠다는 결연한 의지다. 연습은 느리지만 정직하고, 고독하지만 확실하다. 우리를 대신해 그 시간을 통과해 줄 사람은 어디에도 없다.

보살핌은 응급실에서 시작되어서는 안 된다.

제임스 더글러스

우리는 흔히 문제가 터진 뒤에야 보살핌을 떠올린다. 몸이 아프고, 관계가 흔들리고, 일상이 감당하기 어려울 만큼 무너진 다음에야 관리와 돌봄의 중요성을 말한다. 그러나 그때의 보살핌은 삶을 지키는 행위라기보다, 이미 벌어진 상처를 수습하는 마지막 조치에 가깝다.

진짜 보살핌은 평범한 하루의 한가운데에서 시작된다. 아직 아프지 않을 때 자신의 몸을 살피고, 무너지지 않았을 때 마음의 균열을 들여다보는 태도다. 작은 피로를 가볍게 넘기지 않고, 사소한 이상 신호에 귀 기울이는 일은 대단해 보이지 않지만 가장 성실하고 근본적인 돌봄이다. 이처럼 보살핌은 특별한 순간의 결단보다 일상을 대하는 자세에서 완성된다.

보살핌은 식탁에서, 잠자리에서, 하루의 리듬 속에서 꾸준하게 이루어져야 한다. 보살핌은 거창한 처방이 아니라, 매일 반복되는 선택의 총합이다. 바쁘다는 이유로 미뤄온 휴식, 괜찮다는 말로 덮어둔 신호들을 정직하게 직시하는 것으로부터 진정한 보살핌이 가능해진다. 보살핌은 닥쳐온 위기를 이겨내는 기술이기보다, 소중한 것들이 위기에 처하지 않도록 살피는 명민한 지혜의 숨결이다.

어떻게든, 우리 마음에 있는 것은 좋든 나쁘든 결국 말과 행동으로 나타나게 된다.

앤디 스탠리

마음은 숨길 수 없다. 우리가 아무리 감추려 해도 내면에 품고 있는 것은 결국 말과 행동 사이로 스며든다. 말투의 미묘한 결, 표정의 순간적인 흔들림, 무심코 드러나는 태도 속에서 우리의 진짜 마음은 모습을 드러낸다. 친절한 말을 건네도 경멸은 눈빛에 남고, 관심을 가장해도 진심의 부재는 말의 온도로 느껴진다. 마음은 표현보다 먼저 존재하며, 그래서 언제나 표현을 앞서간다.

그럼에도 우리는 종종 겉모습을 다듬는 데 힘을 쏟는다. 하지만 마음이 준비되지 않은 행동은 오래 지속되지 않는다. 의무로 만든 친절은 쉽게 지치고, 계산된 태도는 반복될수록 어색해진다. 겉을 다듬는 노력은 순간의 인상을 바꿀 수는 있어도, 사람의 본질까지 바꾸지는 못한다.

삶을 바꾸고 싶다면 말과 행동을 고치기보다 먼저 마음을 살펴야 한다. 마음은 모든 선택의 출발점이며, 태도의 방향을 정하는 근원이다. 그 근원이 흐려지면 아무리 바른 행동도 오래 버티지 못하지만, 마음이 곧으면 삶은 굳이 애쓰지 않아도 자연스럽게 올바른 쪽으로 흘러간다. 우리가 다듬어야 할 것은 겉으로 드러나는 모습이 아니라, 그 모든 행동을 낳는 마음의 상태다.

능력 이상으로 약속하지 말고,
약속 이상으로 실행하라.

루 홀츠

사람은 말로 신뢰를 얻는 것처럼 보이지만, 실제로 신뢰를 만들어내는 것은 행동이다. 순간의 열정에서 나온 큰 약속은 기대를 키우지만, 지켜지지 않는 말은 그 기대만큼의 실망을 남긴다. 그래서 약속의 크기는 의지보다 책임의 범위로 결정되어야 한다.

자신이 감당할 수 있는 선을 아는 사람은 쉽게 말하지 않는다. 이는 말에 실린 무게를 감당하려는 신중함이며, 관계의 생명력을 오래도록 보존하려는 책임감이다. 감당할 수 없는 약속을 거절하는 태도는 자신을 지키는 겸손인 동시에, 상대를 향한 가장 정직한 예의다.

반면에 실행은 언제나 약속보다 조금 더 나아가야 한다. 기대한 선을 지키는 것에서 멈추지 않고, 조용히 그 이상을 해내는 사람이 신뢰를 얻는다. 그렇게 반복된 행동은 말보다 오래 남아 그 사람의 평판이 되고, 조용히 지켜진 약속들이 시간 속에서 굳어지며 신뢰로 완성된다. 능력 이하로 약속하고 기대 이상으로 실행하는 것. 이것이 신뢰의 본질이다.

재앙의 바깥에 서 있는 사람이 고통받는 사람에게

조언하고 꾸짖는 것은 쉬운 일이다.

_아이스킬로스

밖을 보는 자는 꿈을 꾸고,

안을 보는 자는 깨어난다.

_카를 융

한 세기의 철학은 다음 세기의 상식이 된다.

헨리 워드 비처

철학은 미래를 선점하는 자들의 예언이다. 한 시대의 선구자들이 고독하게 일궈낸 철학은 다음 세대에 이르러 공기처럼 당연한 '상식'으로 안착한다. 지금은 낯선 사유일지라도 진리를 관통하고 있다면 결국 시대의 표준이 된다. 철학자는 보이지 않는 길을 먼저 내는 자이며, 상식은 그 길을 뒤따라가는 대중의 발걸음이다.

자유나 평등처럼 우리가 당연하게 누리는 가치들도 한때는 목숨을 걸고 사수했던 위험한 철학이었다. 선구자들이 삶으로 증명해 냈기에 다음 세대는 그 투쟁의 산물을 상식으로 누리는 것이다. 이런 역사적 흐름을 이해한다면, 자신의 철학이 세상과 부딪친다는 사실은 좌절의 이유가 될 수 없고, 오히려 시대를 앞서간다는 증거가 될 수 있다.

오늘의 상식은 어제의 철학이고, 내일의 상식은 오늘의 철학이다. 우리가 지금 이상하다고 여기는 생각들 중 일부는 다음 세대의 당연함이 될 것이며, 우리가 당연하게 여기는 것들도 과거에는 급진적 사상이었다. 이것을 이해하면 우리는 새로운 생각 앞에서 더 겸손해지고, 변화를 두려워하기보다 그 흐름 속에서 다음 세대의 상식을 발견하게 된다. 그렇게 철학과 상식 사이의 시차는 시대 전환의 속도를 드러내며, 그 전환을 앞당기는 것이 한 세대의 과제인 것이다.

교육의 목표는 사실을 가르치는 것이 아니라, 정신에 영감을 불어넣는 것이다.

교육은 머릿속에 사실의 목록을 채워 넣는 적재 작업이 아니다. 흔히 지식을 채우는 행위를 배움이라 착각하지만, 진정한 교육은 어떻게 사유하고 무엇에 호기심을 느끼며 어떤 질문을 던져야 하는지를 일깨우는 일이다. 사실은 도처에 널려 있으나, 영감은 오직 깨어 있는 정신과의 만남 속에서만 전해진다. 교육의 본질은 지식의 축적이 아닌 정신의 각성이다.

영감을 받은 정신은 스스로 도약한다. 강요 없이도 탐구하고 가르치지 않아도 발견한다. 반면 주입된 정신은 시험이 끝나면 망각하고, 강제가 사라지면 스스로 움직일 이유를 잃는다. 그렇기 때문에 위대한 교육자는 배우고 싶은 열망을 지피는 사람이다. 단 한 번의 영감은 평생의 배움을 견인하지만, 파편화된 사실들은 시험장을 벗어나면 빠르게 휘발된다.

교육의 성공은 주입된 지식의 양보다 정신에 붙인 불꽃의 크기로 측정되어야 한다. 졸업 후에도 스스로 질문하고 호기심을 잃지 않는 사람을 만들어내는 것이 참된 교육의 완성이다. 사실은 도구일 뿐이나 영감은 삶을 바꾸는 동력이기 때문이다. 그러므로 교육은 탐구의 불씨를 지피는 것이며, 그 불씨가 평생 타오르게 만드는 것이야말로 교육의 진짜 사명이다.

대부분의 사람들은 실제로 자유를 원하지 않는다. 왜냐하면 자유는 책임을 수반하며, 대부분의 사람들은 책임을 두려워하기 때문이다.

지그문트 프로이트

자유는 선택의 폭을 넓혀주지만, 동시에 그 선택의 결과를 온전히 감당하라는 요구이기도 하다. 누군가의 지시에 따를 때는 실패의 이유를 환경이나 타인에게 돌릴 수 있지만, 스스로 결정한 삶에서는 변명의 자리가 사라진다. 자유는 우리에게 권리를 주는 동시에, 그 권리를 어떻게 사용했는지에 대한 책임을 묻는다. 그래서 많은 사람들은 자유를 말로는 찬양하면서도, 실제 삶에서는 은근히 통제 속의 안정을 택한다.

이 모순은 책임의 무게에서 비롯된다. 규칙은 판단을 대신해주고, 지시는 고민을 면제해주며, 기존의 틀은 선택의 부담을 덜어준다. 자율 속에서는 실패가 오롯이 내 탓이 되지만, 타인의 결정을 따를 때는 실패의 책임을 나눌 수 있다. 그래서 사람들은 무의식적으로 자기결정보다 안전한 순응을 선호하게 된다. 그렇게 자유를 포기하는 대신 책임의 무게를 내려놓는 것이다.

진정한 자유는 누구에게나 주어지지만, 누구나 감당할 수 있는 것은 아니다. 하고 싶은 대로 사는 삶이 자유가 아니라, 어떤 결과가 오더라도 그것을 자신의 몫으로 받아들이겠다는 태도가 자유를 완성한다. 자유란 각오이며, 자신의 삶 앞에서 더 이상 숨지 않겠다는 가장 단단한 선언이다.

아무것도 모방하고 싶어하지 않는 사람들은 아무것도 만들어내지 못한다.

살바도르 달리

순수한 독창성에 집착하는 이들은 모방을 수치스러운 복제로 치부한다. 그러나 그들이 '나만의 것'을 찾아 고립되는 동안, 위대한 창조자들은 앞선 이들의 철학을 지독하게 뒤쫓으며 기초를 다진다. 모방은 선구자의 시각을 체득하는 가장 치열한 학습이다. 아무것도 배우지 않고 스스로 시작하려는 오만은 창의성이 아닌, 결국 아무것도 내놓지 못하는 불모의 상태로 이어진다.

모방은 출발선이다. 모방이라는 정교한 밑그림이 있어야 그 위에 나만의 색깔을 덧입힐 수 있다. 진정한 창조는 '완벽한 모방'에 실패하는 지점에서 탄생한다. 거장의 방식을 재현하려 애쓰다 발견하게 되는 자신만의 고유한 한계와 오차, 그 의도치 않은 '틈'이 독창성이 싹트는 지점이다.

그러므로 창조의 문턱에서 독창성이라는 강박을 버려야 한다. 경외하는 거장을 철저히 모방하고 그들의 기술과 기법을 영혼으로 소화해야 한다. 그렇게 지루하고 정교한 추종을 끈질기게 하다 보면, 어느 순간 자신만의 목소리가 터져 나온다. 그러니 위대한 것들을 부지런히 훔쳐 당신의 언어와 생각으로 재창조하라. 그것이 유일무이한 세계를 건설하는 가장 정직한 시작이다.

모든 시련에는 축복이 따라온다.
충격은 일상에 무뎌져서는 안 된다는 것을 스스로에게 상기시켜 주기 때문이다.

이소룡

삶이 편안하고 평탄할 때 우리는 쉽게 무뎌진다. 같은 일상을 반복하고, 익숙함에 안주하며, 성장을 멈춘 채 그저 살아간다. 하지만 시련이 찾아오면 그 평온함이 깨진다. 고통은 우리를 강제로 깨어나게 만들고, 더 이상 현재 상태로는 버틸 수 없음을 깨닫게 한다. 그래서 모든 시련에는 축복이 숨어 있다.

일상에 무뎌진다는 것은 삶에 대한 감각을 잃는다는 뜻이다. 감사를 잊고, 노력을 게을리하며, 변화의 필요성을 느끼지 못한다. 편안함은 달콤하지만 위험하다. 그것은 우리를 나약하게 만들고, 현재에 안주하게 만든다. 하지만 충격이 오면 우리는 다시 예민해진다. 무엇이 중요한지 다시 보게 되고, 변화하지 않으면 안 된다는 절박함을 느낀다.

시련의 진짜 선물은 고통 그 자체가 아니라 그것이 우리에게 가져다주는 각성이다. 우리는 평온 속에서는 배우지 못하는 것들을 고난 속에서 배우고, 편안함 속에서는 의식조차 못 했던 힘을 역경 속에서 발견한다. 일상에 무뎌지지 않고 살아있는 삶을 살고 싶다면, 시련을 저주가 아닌 축복으로 받아들여야 한다. 충격은 고통스럽지만, 그 고통 속에서 우리는 다시 깨어나고 다시 성장하는 것이다.

진실은 기름이 물 위로 떠오르듯, 거짓 위로 떠오를 것이다.

미겔 데 세르반테스

진실은 숨길 수 없다. 아무리 거짓으로 덮으려 해도, 진실은 시간이 흐르면 결국 제 모습을 드러낸다. 기름이 물 아래로 눌려도 끝내 수면 위로 떠오르듯, 진실 또한 그 성질상 오래 숨겨질 수 없다. 거짓은 잠시 시야를 가릴 수는 있어도, 진실을 완전히 잠재우지는 못한다. 은폐가 치밀할수록, 드러나는 순간은 더욱 분명해진다.

거짓은 노력을 필요로 하지만 진실은 그저 존재한다. 거짓을 유지하려면 또 다른 거짓이 필요하고, 그 위에 다시 계산과 통제가 쌓여야 한다. 반면 진실은 아무런 노력 없이도 스스로를 드러낸다. 거짓은 에너지를 소모하며 버티지만, 진실은 그냥 기다리기만 하면 된다. 이 차이가 결국 둘의 운명을 갈라놓는다.

그래서 진실의 편에 선다는 것은 가장 오래 살아남을 방향을 선택하는 일이다. 단기적으로는 거짓이 더 빠르고 강해 보일 수 있지만, 시간의 흐름 속에서는 언제나 진실이 우위를 갖는다. 진실은 서두르지 않지만 물러서지도 않는다. 모든 것은 제자리를 향해 움직이고, 그 끝에서 다시 떠오르는 것은 언제나 진실이다.

불멸을 얻으려면 살아 있는 동안 여러 번 죽어야 하는 값비싼 대가를 치러야 한다.

프리드리히 니체

진정으로 위대한 것을 남기려면, 살아 있는 동안 수없이 죽어야 한다. 여기서 죽음이란 자아의 죽음이다. 익숙한 자신을 버리고, 안전한 삶을 포기하며, 편안한 정체성을 깨뜨리는 것이다. 매번 새로운 단계로 나아가려면 이전의 나를 죽여야 하고, 더 큰 존재가 되려면 작은 나를 포기해야 한다. 불멸은 수많은 작은 죽음의 축적으로 완성된다.

죽음 없이는 재탄생도 없다. 낡은 것이 무너져야 새로운 것이 들어설 자리가 생긴다. 하지만 대부분의 사람들은 이 죽음을 두려워한다. 익숙한 것을 놓지 못하고, 안전한 것에 매달리며, 변화를 거부한다. 그래서 평생 같은 자리에 머문다. 반면 위대한 사람들은 수없이 자신을 죽인다. 실패 속에서 오만을 죽이고, 비판 속에서 환상을 죽이며, 도전 속에서 나약함을 죽인다.

살아 있다는 것은 스스로를 끊임없이 갱신하는 일이다. 변화 앞에서 자신을 보존하려는 욕망보다, 더 나은 존재가 되려는 결단을 선택할 때 삶은 깊이를 얻는다. 그렇게 수없이 무너지고 다시 세워진 사람만이 흔들리지 않는 근간을 갖게 되며, 그 축적된 변화가 한 인간을 역사 속에 불멸로 남긴다.

믿음을 키워주면
의심은 굶어 죽을 것이다.

데비 매컴버

의심은 스스로 힘을 갖지 않는다. 그것은 믿음이 자라지 못한 자리에서 생존한다. 확신이 부족할수록 의심은 목소리를 키우고, 방향이 흐릿할수록 불안은 자리를 넓힌다. 마음에 기준이 없을 때 생각은 쉽게 흔들리고, 그 흔들림 속에서 의심은 마치 진실인 것처럼 자신을 주장한다. 그래서 의심과 싸우는 일은 대개 소모적이다. 의심을 없애려 할수록 오히려 그것을 더 의식하게 되고, 마음은 점점 지쳐간다.

반대로 믿음은 키울수록 내면의 구조를 바꾼다. 작은 신뢰, 반복된 실천, 한 번의 성공적 경험이 쌓이면서 마음의 중심이 형성된다. 그 중심은 단번에 만들어지지 않지만, 매일의 선택 속에서 서서히 단단해진다. 이처럼 내면의 밀도가 높아질수록, 공허한 틈을 타 기생하던 의심은 자연스레 설 자리를 잃고 밀려난다. 의심이 사라져서 믿음이 생기는 것이 아니라, 믿음이 커진 만큼 의심이 들어설 공간이 사라지는 것이다.

중요한 것은 믿음을 쌓아가는 태도다. 오늘 할 수 있는 한 가지를 해내고, 자신과의 약속을 지키며, 작은 진전을 인정하는 일들이 믿음을 살찌운다. 그렇게 차곡차곡 자란 믿음은 마음의 중심을 단단히 채우고, 의심은 원천적으로 발붙일 자리를 잃는다. 결국 굶주리는 것은 의심이고, 살아남는 것은 믿음이다.

정원과 도서관이 있다면,
필요한 모든 것을 가진 것이다.

마르쿠스 툴리우스 키케로

정원은 몸을 살리는 공간이고, 도서관은 정신을 살리는 공간이다. 정원에서 우리는 흙을 만지고 햇빛을 받으며 생명이 자라나는 것을 목격한다. 정원은 우리를 자연의 리듬에 연결시키고, 조급함을 가라앉히며, 삶의 기본으로 돌아가게 만든다. 한편, 도서관에서 우리는 시간과 공간을 넘어 인류의 지혜와 만난다. 과거의 현자들과 대화하고, 다른 삶을 경험하며, 생각의 지평을 넓힌다.

이렇듯 성격이 다른 두 공간은 서로 다른 결을 이루며 하나의 삶을 완성한다. 정원은 우리에게 인내를 가르친다. 씨앗은 하루아침에 자라지 않고, 꽃은 제 때가 되어야 핀다. 우리는 자연의 속도를 존중하며 기다림의 가치를 배운다. 반면, 도서관은 우리에게 가능성을 가르친다. 책 속에서 우리는 다른 세계를 보고, 다른 방식으로 살 수 있음을 깨달으며 상상력을 키운다. 정원이 현재에 집중하게 한다면, 도서관은 과거와 미래를 연결한다.

정원과 도서관이 함께 있는 삶은 과하지도 부족하지도 않다. 몸은 자연 속에서 균형을 되찾고, 정신은 사유 속에서 방향을 얻는다. 하나는 삶을 지탱하고, 다른 하나는 삶을 확장한다. 이 두 공간이 있을 때 인간은 생존을 넘어 사는 법을 배우게 된다. 그렇게 많은 것을 소유하지 않아도, 정원과 도서관이 있다면 우리는 이미 삶에 필요한 거의 모든 것을 갖춘 것이다.

자신의 생각을 얼음 위에 올려놓는 방법을 이해하지 못하는 사람은 토론의 열기에 뛰어들지 말아야 한다.

프리드리히 니체

토론은 절제에서 시작된다. 강하게 믿는 생각일수록 감정이 앞서기 쉽고, 그 순간 논의는 탐색이 아닌 방어가 된다. 진정한 토론을 위한 전제는 명확하다. '내 생각이 곧 나 자신은 아니라는 인식'이다. 자신의 생각과 자신을 동일시하는 자에게 비판은 인격 모독이 되고, 토론은 진리를 찾는 대화가 아닌 자존심을 건 전쟁으로 변질된다.

자신의 생각을 '얼음 위에 올려놓는다'는 것은 주관적 확신과 객관적 사실 사이에 거리를 두는 일이다. 한 걸음 물러나 논리의 균열을 살피고 다른 해석의 가능성을 인정할 때, 우리는 사고의 확장을 경험하게 된다. 생각을 차갑게 다룰 수 있는 자만이 상대의 반론을 공격이 아닌 '교정의 도구'로 수용할 수 있다. 이 지적인 거리감이 사유를 성숙하게 만들며, 감정의 안개에 가려졌던 진실의 형태를 선명하게 드러낸다.

이러한 지적 절제는 개인의 수양을 넘어 공동체의 담론을 '소모'에서 '생산'으로 전환시킨다. 자신의 오류를 인정하는 용기는 나약함이 아니라 진실 앞의 당당함이다. 결국 토론의 목적은 상대를 굴복시키는 정복이 아니라, 서로의 무지를 걷어내며 더 높은 합의에 도달하는 지적 항해에 있다.

많은 사람들이 살아있지만,

살아있음의 기적을 느끼지는 못한다.

_틱낫한

당신을 도전하게 하고 영감을 주는 사람들을 찾아라.

그들과 많은 시간을 보내라.

그러면 당신의 인생이 바뀔 것이다.

_에이미 폴러

행복의 비결은 세상이 참혹하다는 사실을 직시하는 것이다.

버트런드 러셀

행복은 세상이 아름답다고 믿는 데서 오지 않는다. 오히려 세상이 불완전하고 때로는 잔인하다는 사실을 인정할 때, 우리는 불필요한 기대에서 자유로워진다. 삶이 늘 공정해야 한다는 믿음, 노력하면 반드시 보상받아야 한다는 환상은 현실과 부딪히는 순간 깊은 좌절을 남긴다. 고통은 사건보다 기대에서 더 크게 자란다.

세상의 참혹함에 대한 직시가 곧 성숙이다. 세상이 완벽하지 않음을 받아들일 때 우리는 불행을 개인적인 배신으로 해석하지 않게 되고, 고통을 나만의 결함으로 돌리지도 않는다. 그 인식은 삶을 단념하게 만들기보다, 오히려 감정의 과잉을 가라앉히고 마음의 균형을 회복하게 한다. 현실을 인정하는 순간, 우리는 감정의 주도권을 되찾는다.

행복은 현실을 미화한다고 생기는 게 아니다. 있는 그대로의 세계 속에서도 기쁨을 선택할 수 있을 때, 우리는 훨씬 단단한 평온에 도달한다. 세상이 어둡다는 사실을 알면서도 그 어둠에 모든 의미를 내주지 않는 태도, 그것이 삶을 지탱하는 본질적인 힘이다. 세상의 참혹함을 직시하되 그 안에서 살아갈 이유를 스스로 만들어내는 것. 그 지점에서 러셀이 말한 성숙한 행복은 조용히 시작된다.

진정한 인간의 척도는 자신에게 아무런 이득이 되지 않는 사람을 어떻게 대하는가에 달려 있다.

새뮤얼 존슨

사람의 태도는 이익 앞에서 가장 쉽게 꾸며진다. 필요할 때는 친절해지고, 관계가 유용할 때는 다정해진다. 그러나 쓸모가 사라지는 순간, 말투는 건조해지고 마음은 슬며시 멀어진다. 관계의 진짜 얼굴은 언제나 아무것도 얻을 것이 없을 때, 더 이상 주고받을 계산이 남지 않았을 때 냉혹하게 드러난다. 그때 우리는 그 관계가 호의였는지, 거래였는지를 분명히 마주하게 된다.

사람의 진가는 손에 쥔 것이 모두 사라졌을 때 가장 선명해진다. 보상이 없는 상황에서 보이는 배려, 되돌아올 칭찬 없이 건네는 존중, 힘의 균형이 기울어졌을 때도 끝까지 유지되는 예의는 쉽게 흉내 낼 수 없다. 그것들은 관계를 유지하기 위한 얄팍한 기술이 아니라, 사람 안에 이미 자리한 품격에서 자연스럽게 흘러나오기 때문이다.

얻을 것이 있을 때의 친절은 투자이지만, 얻을 것이 없을 때의 존중은 인격이다. 우리는 사람을 평가할 때 그가 어떻게 성공했는지를 보지만, 진짜 그 사람을 알고 싶다면 그가 아무 힘도 없는 사람을 어떻게 대하는지를 봐야 한다. 이득 없는 자리에서도 변하지 않는 태도, 그 조용한 일관성이 한 사람의 깊이를 말해준다. 그것이야말로 꾸밀 수 없는 진짜 얼굴이며, 시간이 흘러도 닳지 않는 진실이다.

페니실린과 의학 연구가 시작되기 전에는 죽음은 일상적인 일이었다. 죽음은 친밀했다.

캐서린 던

죽음은 한때 일상이었다. 불과 백여 년 전만 해도 아이들은 형제자매가 죽는 것을 보며 자랐고, 부모는 자식을 묻는 일이 드물지 않았으며, 젊은 사람도 갑작스런 질병으로 사라졌다. 죽음은 바로 옆에서 일어나는 현실이었다. 사람들은 죽음과 함께 살았고, 죽음을 삶의 일부로 받아들였다.

죽음이 일상이었던 시대 사람들은 시간의 유한함을 알았기에 의미 있는 것을 우선했다. 반면 죽음을 멀리 밀어낸 현대인은 자신이 영원히 살 것처럼 행동한다. 중요한 일을 미루고, 사소한 것에 시간을 낭비하며, 정작 소중한 사람들과 시간을 보내지 않는다. 죽음을 외면하는 것이 편안함을 주는 것 같지만, 실은 삶의 긴박함과 소중함을 잃게 만든다.

죽음과의 거리는 삶에 대한 태도를 결정한다. 죽음이 친밀했던 시대에는 삶이 절실했고, 죽음이 낯설어진 지금 우리는 살아 있음에 점점 무감각해지고 있다. 죽음을 부정하는 것은 삶의 의미를 흐리게 만든다. 죽음을 기억하는 일은 오늘을 허투루 살지 않게 만드는 가장 맑은 각성이다.

사람의 인생에는 두 번의 위대한 날이 있다. 우리가 태어난 날과 우리가 왜 태어났는지 깨닫는 날이다.

어니스트 캠벨

대부분의 사람은 '왜 살아야 하는가'라는 질문을 깊이 품어보지 못한 채 인생을 살아간다. 해야 할 일에 쫓기고, 남들과 비슷한 속도로 걷느라 정작 자신의 방향을 돌아볼 여유를 잃는다. 하루는 계속 이어지지만, 목적 없는 움직임은 어느새 살아 있음과 살아간다는 감각 사이에 보이지 않는 공백을 만들어낸다.

그러나 어느 순간, 질문이 생긴다. 이 길이 정말 나의 것인지, 이 반복이 과연 나를 향하고 있는지 묻게 되는 때가 온다. 그 질문은 대개 흔들림 속에서 태어난다. 실패, 상실, 권태, 혹은 설명할 수 없는 공허함이 삶을 멈춰 세우며 우리를 자기 자신 앞으로 불러낸다. 그때 우리는 '어떻게 살 것인가'보다 더 근원적인 물음을 마주한다. 나는 왜 여기에 있는가?

그 질문에 대한 답을 찾는 순간, 인생은 전혀 다른 밀도를 갖기 시작한다. 선택에 무게가 생기고, 시간은 흘러가는 것이 아니라 쌓이기 시작한다. 태어난 날이 삶의 시작이라면, 이유를 깨닫는 날은 삶이 마침내 자기 것이 되는 순간이다. 그리고 그 순간부터, 우리는 단 한 번도 살아본 적 없던 자신의 인생을 살기 시작한다.

라인홀트 니부어

신은 제가 바꿀 수 없는 것을 받아들일 수 있는 평온함과 바꿀 수 있는 것을 바꾸는 용기, 그리고 그 차이를 아는 지혜를 허락해 주셨습니다.

우리는 모든 것을 바꾸려다 스스로 무너지고, 반대로 아무것도 바꾸지 못한 채 무기력하게 체념한다. 그러나 인생의 비극은 대개 이 두 영역을 혼동하는 데서 시작된다. 바꿀 수 없는 현실 앞에서는 불필요한 저항으로 자신을 소모하고, 정작 바꿀 수 있는 삶의 태도와 선택 앞에서는 두려움에 멈춰 선다.

온전한 수용이란 내 권한 밖의 일을 담담히 도려내는 '성숙한 인정'이다. 용기란 책임져야 할 영역을 외면하지 않는 '단호한 결단'이다. 수용을 통해 마음의 불필요한 무게를 덜어내고 용기를 통해 나아가야 할 길을 정비할 때, 수용과 용기는 서로 상반되는 덕목이 아니라 온전히 삶을 지탱하는 두 개의 기둥이 된다.

인생을 바꾸는 핵심은 무엇을 내려놓고 무엇을 붙들어야 하는지 가려내는 '명철한 구별'에 있다. 이 차이를 아는 사람만이 불필요한 고통을 덜어내고, 자신이 바꿀 수 있는 가장 중요한 문제에 온 힘을 쏟아붓는다. 지혜롭게 구별하여 전심으로 집중할 때, 우리의 삶은 혼란이 아닌 올바른 방향 속에서 완성된다.

다른 사람에게 영향을 미치는 데 있어 모범은 중요한 것이 아니다. 그것은 유일한 것이다.

알베르트 슈바이처

사람을 바꾸는 것은 말이 아니다. 아무리 논리가 정교하고 의도가 선해도, 삶에서 증명되지 않은 말은 쉽게 흩어진다. 우리는 조언에는 본능적으로 방어적이 되지만, 눈앞에서 반복되는 태도에는 서서히 영향을 받는다. 그래서 진짜 변화는 설득의 힘보다, 일상의 축적에서 시작된다. 말은 순간을 흔들 수 있지만, 삶은 기준을 바꾼다.

모범이란 말과 삶의 일치다. 말하는 것과 살아가는 것 사이의 간극이 좁을수록 그 사람의 존재는 신뢰를 얻는다. 보이지 않는 순간에도 지켜내는 언행일치의 원칙은 주변의 판단 기준을 조용히, 그러나 강력하게 끌어올린다. 누군가는 그 이유를 논리로 설명하지 못해도, 그 삶을 보며 '저렇게 살아보고 싶다'는 감각을 배우게 된다. 모범은 가르치지 않지만, 자연스럽게 전염된다.

가장 깊은 영향은 바꾸려는 의지에서 나오지 않는다. 누군가를 설득하려는 순간 말은 어느새 힘을 잃지만, 묵묵히 살아가는 모습은 설명 없이도 커다란 울림이 된다. 삶으로 드러난 태도는 반박할 수 없고, 반복된 행동은 말보다 오래 남는다. 그래서 모범은 타인의 삶에 닿을 수 있는, 가장 조용하면서도 가장 확실한 언어다.

배우지 않은 사람에게 노년은 겨울이지만, 배운 사람에게 노년은 수확의 시기입니다.

유대인 속담

시간은 모두에게 같은 속도로 흐르지만, 그 시간이 남기는 흔적은 절대 같지 않다. 어떤 삶은 흘러가며 흔적 없이 사라지고, 어떤 삶은 머무르며 점점 깊어진다. 그 차이는 '무엇을 내면에 차곡차곡 쌓아왔는가'에서 생긴다. 겉으로 드러나는 성취보다, 보이지 않는 축적이 삶의 무게를 만든다.

그런 관점에서 배움은 가장 깊이 있는 축적이다. 매일의 공부가 당장의 현실을 뒤바꾸지는 않으나, 읽고 고뇌하며 남긴 사유의 흔적들은 시간의 퇴적층 속에 내려앉아 결국 삶을 지탱하는 단단한 지반이 된다. 그것은 판단의 기준이 되고, 감정의 균형이 되며, 길을 잃었을 때 다시 돌아올 내면의 좌표가 된다. 그렇게 배움은 눈에 띄게 자라지 않지만, 쉽게 사라지지도 않는다.

배운 사람의 노년은 무엇을 더 얻으려 애쓰지 않는다. 이미 자기 안에 충분한 세계가 있기 때문이다. 세상이 조금 느려져도 조급하지 않고, 조용한 시간 속에서도 공허하지 않다. 남은 시간은 결핍을 채우는 싸움이 아니라, 축적된 삶을 음미하는 계절이 된다. 배움이란 시간이 흘러도 닳지 않는 것을 자기 안에 남겨두는 일이며, 그 변치 않는 자산이 인생의 가장 긴 계절을 따뜻하게 만든다.

거래에는 우정이 없다.

098

코넬리어스 밴더빌트

거래의 세계에서 감정은 종종 착각을 불러일으킨다. 친밀함이 신뢰를 대신할 수 있을 것이라 믿고, 가까운 사이라면 확실한 기준 없이도 서로 이해할 수 있을 것이라 여긴다. 그러나 거래는 이해관계로 작동한다. 마음으로 맺은 인연과 조건으로 맺은 약속을 혼동하는 순간, 관계는 흔들리기 시작한다. 기준이 분명하지 않으면, 선의로 시작된 약속도 서로 다른 해석을 낳고, 그 차이는 결국 갈등으로 드러난다.

우정은 배려를 전제로 하지만, 거래는 책임을 전제로 한다. 친구 사이라 해도 약속 앞에서는 각자의 몫과 의무가 분명해야 한다. 감정이 개입될수록 판단은 느슨해지고, 느슨해진 기준은 결국 실망으로 귀결된다. 거래에서 필요한 것은 따뜻한 마음이 아닌 명확한 구조다. 말로 한 신뢰보다 문서로 남긴 책임이 관계를 오래 지탱한다.

거래에 우정이 없다는 말은 인간미를 버리라는 뜻이 아니다. 오히려 관계를 지키기 위해서라도 공과 사는 냉정하게 구분되어야 한다는 경고에 가깝다. 감정은 우정의 자리로 남겨두고, 약속은 계약의 언어로 분명히 할 때 오해는 줄어든다. 냉정함이 관계를 망치는 것이 아니라, 경계 없는 호의가 관계를 무너뜨린다.

지붕을 수리할 때는 햇볕이 쨍쨍할 때다.

존 F. 케네디

지붕을 수리하기에 가장 완벽한 시점은 역설적이게도 비 한 방울 내리지 않는 '햇볕이 쨍쨍한 날'이다. 위기는 늘 평온 속에 조용히 숨어들며, 폭풍이 몰아친 뒤에야 서둘러 지붕을 고치는 것은 처참한 사후 수습일 뿐이다. 삶이 순탄할 때 우리는 안주라는 함정에 빠져 다가올 폭풍을 잊지만, 영민한 사람은 가장 안락한 순간에 자신의 취약점을 보강하는 데 주의를 기울인다.

반면, 대부분의 사람은 역치에 도달해서야 움직인다. 건강을 잃고서야 관리를 시작하고, 관계가 파국에 이르고서야 진심을 꺼낸다. 하지만 뒤늦은 대처는 언제나 가혹한 비용을 동반한다. 수습하는 순발력은 궁지에서 발휘되는 생존 본능일 뿐, 진짜 실력은 위기를 앞지르는 예방의 치밀함에서 결정된다.

삶의 명철함은 '시차'를 장악하는 데 있다. 문제가 터진 뒤에 움직이는 것은 수동적 수습이지만, 드러나기 전의 시간을 다스리는 것은 주도권 장악이다. 그래서 지금이 평온하다면 철저하게 준비할 때이다. 폭풍은 예고 없이 오지만, 대비는 언제나 선택의 문제다. 그렇게 맑은 날 흘린 땀방울만이 훗날의 평온을 보장하는 유일한 담보가 될 것이다.

용기를 내시길 간청합니다. 용감한 영혼은 재난도 극복할 수 있습니다.

예카테리나 대제

용기는 두려움이라는 중력을 거슬러 자기 존엄을 들어 올리는 정신의 근력이다. 삶의 온갖 위협은 영혼을 위축시키려 들지만, 용감한 영혼은 그 거대한 압력마저 자신의 실존을 단련하는 동력으로 승화시킨다. 이러한 내면의 힘은 평온할 때보다 상황이 허물어질 때 더욱 선명하게 그 위대함을 드러낸다.

외부의 질서가 붕괴할 때 내면의 질서를 수호하고, 모두가 포기를 종용할 때 기어이 전진의 이유를 찾아내는 자만이 영혼의 주인으로 남는다. 고난은 우리를 뒤흔들어 한계로 몰아넣지만, 용기는 그 시련을 통과하며 오히려 이전보다 자기 자신을 더욱 견고하게 다듬는 결정적인 변곡점을 만들어낸다.

이처럼 용기를 낸다는 것은 어떤 비극 앞에서도 자신의 인생을 타인이나 운명의 처분에 맡기지 않겠다는 준엄한 선언이다. 세상이 아무리 가혹한 무게로 짓누를지라도, 스스로 침몰하기를 거부하는 영혼은 절대 함락되지 않는다. 용기는 무너진 폐허 위에서도 다시 삶을 설계할 수 있게 만드는, 어쩌면 인간이 지닌 유일한 초능력일지도 모르겠다.

1. 전두엽의 사유 능력을 깨웁니다.

필사는 읽기보다 천천히 정보를 처리하게 만듭니다. 이러한 속도 저하는 본능적이고 습관적인 반응을 잠재우고, 대신 계획을 세우고 판단을 내리는 전두엽을 활성화합니다. 인지 속도가 늦춰질수록 충동적인 반응은 줄어들고, 장기적인 결과를 깊이 고민하는 숙고의 힘이 자라납니다. 필사는 생각을 빠르게 몰아치는 훈련을 지나, 생각이 제대로 작동할 수 있는 여백을 만들어내는 행위입니다.

2. 감정을 언어로 바꿔 편안함을 줍니다.

감정을 말이나 글로 구체적으로 표현하면 불안을 담당하는 뇌

부위인 편도체의 과도한 반응이 줄어듭니다. 필사는 요동치는 감정을 그대로 쏟아내는 수준에 머물지 않고, 감정에 '언어'라는 옷을 입혀 논리적인 형태로 변환하는 과정입니다. 이 과정에서 흥분된 정서는 가라앉고, 감정은 내가 스스로 다룰 수 있는 대상으로 바뀝니다. 필사가 마음을 평온하게 만드는 비결은 의지력의 크기보다 뇌가 정보를 처리하는 방식의 변화에 있습니다.

3. 손의 움직임으로 이해의 깊이를 더합니다.

필사는 눈으로만 정보를 읽는 한계를 벗어납니다. 문장을 이해하는 동시에 손의 미세한 움직임을 조절하는 복합적인 과정이 동반되기 때문입니다. 이러한 감각의 통합은 뇌의 더 넓은 영역을 사용하게 만들어, 단순한 시각적 인식보다 훨씬 깊은 인지 처리를 유도합니다. 손으로 직접 쓰는 행위는 정보를 뇌 속에 더 오래 붙잡아두고 정확하게 기억해내는 데 유리합니다. 필사는 머리로만 하던 생각을 몸 전체의 작업으로 확장시킵니다.

4. 의미 중심의 처리가 기억을 견고하게 합니다.

기억은 단순히 반복한 횟수보다 정보를 얼마나 깊이 있게 다루었는지에 좌우됩니다. 필사는 문장을 바라보는 행위를 넘어, 그 의미를 해석하고 맥락을 더하며 다시 구성하는 과정입니다. 이렇게 의미 중심으로 다뤄진 정보는 장기 기억을 담당하는 해마의 작용을 통해 머릿속에 더 단단히 저장됩니다. 필사한 문장이 시간이 흘러도 명확하게 떠오르는 이유입니다.

5. 언어의 구조를 통해 생각을 정교하게 만듭니다.

우리의 생각은 언어를 통해 구체적인 뼈대를 갖춥니다. 글로 표현되지 않은 생각은 대개 감정과 인상이 뒤섞여 모호하게 남아 있기 마련입니다. 필사는 정제된 문장을 반복적으로 접하게 하며, 생각을 단어와 문장 단위로 나누는 연습을 지속하게 합니다. 이 과정에서 막연한 느낌은 명확한 요소로 분해되고, 생각은 비로소 검토와 수정이 가능한 형태가 됩니다. 잘 정리된 사고는 판단 오류를 줄이고 문제 해결 능력을 높여줍니다.

6. 능동적 재구성으로 이해의 빈틈을 메웁니다.

필사는 단순히 글자를 복사하는 행위처럼 보이지만, 실제로는 의미를 끊임없이 확인하고 조정해야 하는 고도의 집중력을 요구합니다. 이해가 부족한 문장 앞에서는 손이 멈추거나 글씨가 흐트러집니다. 이 과정은 내가 무엇을 알고 무엇을 모르는지를 명확히 드러내어, 이해의 오류를 그냥 지나치지 못하게 합니다. 필사는 수동적인 읽기에서 발견하기 힘든 이해의 빈틈을 찾아내어, 개념을 더 정확한 형태로 정리하게 돕습니다.

7. 시각적 관찰력을 길러 정보의 형태를 선명하게 인식합니다.

필사는 글자를 단순한 뜻으로만 받아들이지 않습니다. 획의 방향과 간격, 전체적인 형태를 세밀하게 구분하는 시각적 판별 과정을 포함합니다. 이 반복적인 과정은 시각 피질을 활성화하여 사물을 정밀하게 구분하는 능력을 키워줍니다. 손으로 쓰는 학습은 문자와 기호를 더 정확히 구별하게 하며 유사한 정보 사이의 혼동을 줄여줍니다. 필사는 내용을 이해하는 수준을 넘어, 정보를 이루는 형태 자체를 더 또렷하게 인식하는 눈을 길러줍니다.

다시

쓰다

거인을 쓰다 ❷

—

초판 1쇄 인쇄 2026년 1월 30일
초판 1쇄 발행 2026년 2월 25일

—

지은이 신영준, 고영성
펴낸이 고영성

—

책임편집 유형일

—

펴낸곳 (주)상상스퀘어
출판등록 2021년 4월 29일 제2021-000079호
주소 경기 성남시 분당구 성남대로43번길 10, 하나EZ타워 307호
팩스 02-6499-3031
이메일 publication@sangsangsquare.com
홈페이지 www.sangsangsquare-books.com

—

ISBN 979-11-24248-16-4 (04190)
세트 ISBN 979-11-24248-14-0 (04190)

—

· 상상스퀘어는 출간 도서를 한국작은도서관협회에 기부하고 있습니다.

· 파손된 책은 구입하신 서점에서 교환해드리며 책값은 뒤표지에 있습니다.